Bernhard Rosa

เบอร์นาด โลซ่า

Geheimnisse der THAI-KÜCHE

Für Marion

DIE WERKSTATT

Einleitung

Die thailändische Küche begeistert mich seit über 30 Jahren. Ich stamme aus einem Allgäuer Elternhaus, in dem viel und sehr gerne selbst gekocht und mit der ganzen Familie am Tisch gespeist wurde. Das war fester Bestandteil unseres Familienlebens und hat auch unter uns Geschwistern den Zusammenhalt gefördert. Denn zusammen zu essen bedeutete bei uns auch, viel miteinander zusammen zu sein und sich spontan auszutauschen, wie es jedem wirklich geht.

Während in unseren Breitengraden diese wunderbare Esskultur immer mehr verloren geht, habe ich sie auf meinen Reisen durch Thailand wiedergefunden – und war begeistert. Durch eine jahrzehntelange Freundschaft zu einer thailändischen Familie, deren Mutter in ihrer Region eine Koryphäe der thailändischen Küche ist, habe ich die Traditionen rund ums Essen und seine Zubereitung kennen und lieben gelernt.

Rezepte sammle ich schon mein Leben lang. Allein um das Wissen meiner Eltern und Großeltern zu erhalten. In Thailand faszinierten mich stets die frische Zubereitung, die enorme Vielfalt an Zutaten, Gewürzen und Kräutern sowie die Kombinationen von süß, sauer und scharf – oftmals in einem Gericht vereint.

In diesem Buch habe ich Ihnen meine schönsten Rezepte zusammengestellt. Das Beste: Sie sind allesamt sehr einfach zu kochen. Und die Zutaten, die Sie nicht im örtlichen Lebensmittelhandel oder auf dem Markt erhalten, bekommen Sie in der Regel im gut sortierten Asiashop.

An wen ist dieses Kochbuch gerichtet?
An Hobby- und Profiköche, Thailandurlauber, Liebhaber asiatischer Küche und alle, die in der Küche einmal etwas Neues ausprobieren möchten.

Das Buch ist so gegliedert, dass Sie zuerst wissenswerte Informationen über die Zutaten in der thailändischen Küche erhalten. Wobei dort auch Zutaten beschrieben und gelistet werden, bei denen man nicht an die thailändische, sondern eher an die heimische Küche denkt. Aber Möhren, Paprika, Blumenkohl, Brokkoli etc. sind genauso feste Bestandteile in der thailändischen Küche wie bei uns, und dies wird oft beim Einkaufen gar nicht bedacht. Mit diesem Hintergrundwissen macht das Einkaufen und die Zubereitung doppelt so viel Spaß. Fast alle Fotos des Zutatenteils sind auf thailändischen Frischwarenmärkten entstanden, sozusagen ein Spaziergang über den Markt. Danach finden Sie ein paar nützliche Ausrüstungstipps, die das Zubereiten der Speisen erleichtern.

Die Rezepte bestechen durch ihre unkomplizierte Zubereitung und sind, da nur selten lange Garzeiten erforderlich sind, hervorragend für die schnelle Küche zu Hause geeignet. Eine gesunde, abwechslungsreiche Küche, die es wert ist, dass sie unseren Alltag bereichert. Viele Rezepte lesen sich komplizierter, als sie in Wirklichkeit sind, und erst beim Nachkochen wird einem die Einfachheit bewusst. Bei den Mengenangaben der Zutaten handelt es sich, wenn nicht anders beschrieben, um eine Portion. Die Thais essen in Restaurants nicht, wie wir Europäer, jeder sein Gericht, sondern es werden in der Regel mehrere Gerichte bestellt, und jeder bedient sich an dem, was ihn gerade anspricht. Dabei werden Currys, Suppen oder Gebratenes wild durcheinander gegessen.

Zur Abrundung wird eine Vielzahl von Früchten vorgestellt, erklärt wie sie gegessen werden und was beachtet werden sollte. Damit Sie in Ihrem nächsten Asienurlaub etwas mutiger werden und auch einmal ein paar exotische Früchte probieren. Sie werden staunen.

Alle Zutaten, Rezepte, Früchte finden Sie auf Deutsch, Englisch, in Thai-Umschrift und Thai-Typografie. Dies soll unter anderem das Einkaufen im Asialaden erleichtern, da dort erfahrungsgemäß sehr oft Thailänderinnen arbeiten. Da es im ganzen Land verteilt sehr viele unterschiedliche Dialekte gibt, können die Angaben zur Thai-Umschrift nur eine grobe Orientierung für die Aussprache sein. Als kleines i-Tüpfelchen finden Sie dann auch noch die Seitenzahlen in Thai-Umschrift, damit Sie für Ihren nächsten Thailandurlaub gleich noch die Zahlen lernen können.

Für Ihre kulinarische Reise durch Thailand sind Sie mit diesem Buch also bestens vorbereitet.
Viel Spaß beim Kochen wünscht Ihnen

Ihr
Bernhard Rosa

Inhalt

DIE ZUTATEN

DIE AUSRÜSTUNG

DIE REZEPTE

DIE FRÜCHTE

Die Zutaten

Acacia pennata (Cha-om)
Climbing wattle / Cha-om / ชะอม

(bot. Senegalia pennata)

Cha-om sind die Triebe der Akazien-art Acacia pennata, die in Südost-asien zuhause ist und bis zu fünf Meter hoch werden kann. Verwendung finden die Triebe in Omelettes, Suppen, Wok-gerichten und Currys. Im nördlichen Teil des Landes werden sie auch roh den Salaten, wie zum Beispiel Tam Mamuang (Mangosalat) und dem Curry Kaeng Khae beigemischt. Im Isaan und im Zentrum des Landes ist Cha-om eine Zutat bei Nam Phrik Pla Do und Kaeng Som, einem sauren Thai-Curry.

Asiatischer Wassernabel
Asiatic pennywort / Prai Tod Cr Vr / ผัก. ตบ. ชวา

(bot. Centella asiatica)

In der ayurvedischen Medizin ist der asiatische Wassernabel eine der wich-tigsten Heilpflanzen, während er in der thailändischen Küche oft wie Ge-müse verwendet oder roh den Salaten beigegeben wird. Die Blätter eignen sich frisch oder getrocknet jedoch auch als Tee. Darüber hinaus findet die Pflanze in der Wellness- und Kos-metikindustrie Verwendung, so dass der Bestand durch Wildsammlung zeitweise gefährdet war.

Austernsauce
Oyster sauce / Nahm Man Hoi / หอยนางรมซอส

Austernsauce ist eine Mischung aus Austernextrakt, das aus Salzwasser und fermentierten Austern hergestellt wird, und Sojasauce, die zuvor mit Zwiebeln, Knoblauch und Salz eingekocht wurde. Austernsauce sollte angebrochen nur im Kühlschrank aufbewahrt werden. Aufgrund des hohen Salzgehalts hält sie sich jedoch sehr lange. Sie ist vielseitig einsetzbar und wird zum Würzen bei einer Vielzahl von Gerichten verwendet.

Aubergine
Eggplant / Ma-kheau / มะเขือ

(bot. Solanum spp.)

Auberginen gibt es in Thailand in zahlreichen Größen, Farben und Formen. Die kleinste, Ma-kheau Puang, ist auch die bitterste! Sie ist wichtiger Bestandteil von rotem und grünem Curry (Seite 150 und 146).

Auberginen werden roh verarbeitet; entweder im Ganzen oder halbiert, geviertelt oder in Scheiben geschnitten. Sie werden nur kurz mitgekocht oder gedämpft. Dabei sollten sie noch bissfest sein. Im Nordosten (Isaan) gehören Auberginen unbedingt in den leckeren Papayasalat Som Tam (Seite 138).

Auberginen gehören zur Familie der Nachtschattengewächse und werden in Asien (vor allem in China) schon mehr als 4.000 Jahre angebaut.

Ma-kheau Gohb sind die großen Auberginen *(bot. Solanum virginianum)* (unten links).

Bei Ma-kheau Puang handelt es sich um die kleinsten Auberginen (Seite 12 oben).

Ma-kheau Muang (violett, rund) oder Ma-kheau Yao (länglich: „lang" = „ya:o") (Seite 12 unten rechts, Seite 13 oben und unten rechts).

„Ma-kheau Lai" ist die Bezeichnung für die gestreiften Auberginen (oben und mitte links).

Ma-kheau Lueang ist die gelbe Sorte (Seite 12 unten links).

Basilikum

Basil / Krapao, Bai Horapa oder Menglak / กะเพรา, โหระพา, แมงลัก

(bot. Ocimum spp.)

Es gibt weltweit über 100 Basilikumsorten. Daher ist Thai-Basilikum nicht gleich Thai-Basilikum, denn die verschiedenen Sorten in Thailand könnten geschmacklich kaum unterschiedlicher sein. So ist Bai Horapa durch kein anderes Gewürz oder Kraut zu ersetzen! Das ist wichtig zu wissen. Beim Kochen mit Basilikum kann viel falsch gemacht werden, wenn man nicht die richtige Sorte eingekauft hat. In der thailändischen Gourmetküche werden vor allem folgende vier Sorten verwendet: Horapa, Krapao, Menglak" und die Horapa-Unterart Horapa Chang (Bai Yee Ra).

Auch die Zubereitung ist wichtig: Basilikum sollte nicht geschnitten oder gehackt werden, sondern nur mit den Fingern zerrissen oder zusammen mit Öl im Mörser zerstossen werden. Dies gilt auch für die Herstellung von Pesto.

Bai Krapao

(bot. Ocimum tenuiflorum)

Dieses Basilikum ist das schärfste unter den hier genannten Sorten (Bild oben). Es gibt es sowohl mit roten als auch mit grünen Blättern. Im Geschmack unterscheiden sie sich jedoch nicht. Bai Krapao wird auch als „Heiliges indisches Basilikum" oder „Tulsi" bezeichnet. Es kommt für das bei Thailändern sehr beliebte Pad Krapao (gebratenes Fleisch oder Fisch, sehr scharf gewürzt, Seite 118) und bei Pad Kee Mao (gebratene Nudeln mit scharfen Gewürzen, Seite 122) zum Einsatz.

Bai Horapa

(bot. Ocimum basilicum var. *thysiflora)*

Diese Art wird auch als „süßes Basilikum" bezeichnet. Man erkennt Bai Horapa an seinem an Lakritze oder Anis erinnernden Geschmack und den dunkelvioletten Stengeln. Bai Horapa ist ein absolutes Muss für rotes und grünes Curry (Seite 150 und 146). Die Blätter sollten, wenn überhaupt, nur ganz kurz mitgekocht werden. Besser ist es, sie erst am Schluss unterzurühren.

In Europa kann diese Basilikumart auch selbst ausgesät oder angepflanzt werden. Sie gedeiht im Garten, Gewächshaus oder in Balkonkästen (Bezugsquellen finden Sie am Ende des Buches).

Bai Menglak

(bot. Ocimum x *africanum)*

Das haarige bzw. Zitronenbasilikum hat – wie der Name schon sagt – einen zitronigen Geschmack. Es wird vor allem als würzige Beilage zu Khanom Jeen (Nudelcurrys) verwendet. Falls Sie trotz Frischeabteilung im Asiashop kein Bai Menglak auftreiben können, eignet sich in diesem Fall als Ersatz unsere heimische Zitronen-Melisse. Das Original ist natürlich „thailändischer".

Bai Horapa Chang oder Bai Yee Ra

(bot. Ocimum gratissimum)

Diese Basilikumart wird in dem weniger bekannten Jungle Curry (Seite 154) verwendet. Die frischen Blätter helfen übrigens ausgezeichnet bei Blähungen.

Bambussprossen
Bamboo shoots / No Mai / หน่อไม้

(bot. Bambusa oldhamii)

Nachdem Bambussprossen gekocht oder gedünstet wurden, erinnern sie von der Konsistenz her an Spargel. Für einige Rezepte werden frische Bambussprossen benötigt. Diese müssen zuvor jedoch gekocht werden. Rohe Sprossen enthalten ein Blausäure-Glykosid, das sich nur durch Kochen unschädlich machen lässt! Der Verzehr von rohen Bambussprossen kann also zu Vergiftungen führen. Es gibt diese Gemüseart darüber hinaus auch eingemacht unter der Bezeichnung „No Mai Dong" im Asiashop.

Bittergurke
Bitter gourd / Mara Ke Nok / มะระขี้นก

(bot. Momordica charantia)

Die meisten Asiaten lieben den bitteren Geschmack von Bittermelonen und Bittergurken, daher werden sie den thailändischen Speisen oft beigegeben. Bittermelonen verwendet man unter anderem in Pad Mara Kub Khai (ผัดมะระกับไข่). Dazu werden sie in Stücken oder halbiert gebraten bzw. mit Hackfleisch gefüllt. Um das Bittere etwas abzuschwächen, kann man sie blanchieren oder ein paar Stunden in Salzwasser einlegen. Am besten nicht roh verzehren, da sind sie extrem bitter. Die Blätter, Triebe und Blüten ergeben übrigens ein würziges Gemüse!

Bittermelone
Bitter melon / Mara / มะระ

(bot. Momordica charantia)

anderer Name: Green gourd

Blumenkohl
Cauliflower / Dok Ga Lam / ดอกกระหล่ำ

(bot. Brassica oleracea var. botrytis)

andere Namen: Blütenkohl, Italienischer Kohl, Käsekohl, Karfiol, Traubenkohl

Blumenkohl findet in zahlreichen Gerichten wie Suppen und Currys Verwendung. Die bei uns genau wie in Thailand so beliebte Kohlsorte hat ihren Ursprung in Kleinasien. Auch durch seinen besonders hohen Vitamin-C- und Mineralstoffgehalt ist Blumenkohl in Südostasien und Europa sehr angesehen.

Blühender Kohl
Chinese cabbage / Phak kwangtung / ผัก-กวาง-ตุ้ง

Wird auch überwiegend in Suppen verwendet.

Brokkoli
Broccoli / Boc Ko Re / บล็อค โค ลี

(bot. Brassica oleracea var. italica)

Begegneten unsere Großeltern Brokkoli vor 30 Jahren noch mit viel Skepsis, hat er längst einen wahren Siegeszug in unseren Küchen hinter sich, und das völlig zu Recht. Brokkoli wird mittlerweile weltweit angebaut und hat seinen festen Platz auf den Märkten und Supermärkten in Asien schon viel länger als bei uns in Deutschland. Ähnlich wie Blumenkohl wird auch Brokkoli in zahlreichen Gerichten, besonders in vielen Suppen, aber auch bei Pfannengerührtem verwendet. Die Stile des Brokkolis sind übrigens viel zu schade für die Biotonne. Wenn man mit Brokkolis kocht, fallen meistens genügend „Abfälle" an, um eine leckere Gemüsebrühe herzustellen.

Bohne (Schlangenbohne)
Snake bean / Tua Fak Yao / ถั่ว ฝัก ยาว

(bot. *Vigna unguiculata* subsp. *sesquipedalis*)

andere Namen: Langbohnen, Spargelbohnen; auf Englisch werden Schlangenbohnen auch „yard-long beans" genannt

Von der ursprünglich aus Afrika stammenden Bohne gibt es zahlreiche Unterarten. Die wahrscheinlich in Südostasien gezüchtete Schlangenbohne gehört zu den wichtigsten Gemüsezutaten in der asiatischen Küche. Sie kann bis zu 100 Zentimeter lang werden. Geerntet wird sie meistens jedoch bei einer Länge von ca. 50 Zentimeter. Die Thais geben sie roh in Salate oder verwenden sie gekocht bzw. gedünstet als Gemüsebeilage zu Nam-Prik-Saucen, als Gemüseeinlage in Currys, in Fischplätzchen (Tod Man Plaa), Shrimpsplätzchen (Tod Man Goong) oder gebraten zu Wokgerichten. Schlangenbohnen sollten nur kurz gegart werden, da sie ihre Knackigkeit sonst verlieren.

Bohnen niemals roh verzehren!

Aus Unwissenheit werden Bohnen in Thailand oft roh als Beilage gereicht. Das ist keine gute Idee, denn sie sollten nie roh gegessen werden, da sie den gesundheitsschädlichen Eiweißstoff Phasin enthalten. Leichte Vergiftungen können zu Erbrechen und Durchfall führen. Der Verzehr von nur fünf bis sechs rohen grünen Bohnen kann bereits äußerst heftige Magen- und Darmbeschwerden auslösen. Noch größere Mengen dieser gefährlichen Rohkost können sogar den Tod herbeiführen!

Erst durch den Garprozess wird der gefährliche Inhaltsstoff abgebaut. Auch das Kochwasser der Bohnen darf nicht für andere Zwecke weiterverwendet werden, da sich der schädliche Eiweißstoff darin anreichert.

Brühe
Stock / Naam Soup / น้ำซุป

Für einige Rezepte wird Brühe benötigt. In einem Restaurant ist es einfach, stets einen Topf mit frischer Brühe griffbereit zu haben. Am heimischen Herd ist das leider nicht immer möglich. Doch Brühe kann sehr gut tiefgefroren werden. Ideal ist also die Zubereitung auf Vorrat, wenn es sich gerade ergibt: zum Beispiel, wenn Shrimpreste anfallen. Die fertige Brühe einfach portionsweise einfrieren und nach Bedarf auftauen.

Wer authentisch kochen möchte, braucht keine Suppenwürfel. Vor allem keine mit Glutamat (auch oft als „Würze" oder „Hefeextrakt" bezeichnet).

Gemüsebrühe

Zutaten:

400 g Suppengemüse (zum Beispiel Karotten, Rettich, Rüben / Navetten)

je 2 Stangen Lauch und Sellerie, kleingeschnitten

2 - 3 Korianderpflanzen (komplett mit Wurzeln!)

1 Teelöffel schwarze Pfefferkörner

½ Teelöffel Salz

Zubereitung:

Alles in einen Topf geben, mit Wasser bedecken und zum Kochen bringen. Gelegentlich umrühren und 1 Stunde zugedeckt köcheln lassen. Danach die Brühe so lange kochen, bis sie zu 50 Prozent reduziert ist, und sie anschließend absieben.

Fleischbrühe

Zutaten:

1 komplettes Huhn ohne Haut (in Stücke zerlegt) oder

Schweinerippchen bzw. 1 kg Rindfleisch mit Knochen

2 - 3 zerdrückte Schalotten

8 - 10 Knoblauchzehen

2 - 3 Korianderwurzeln

2 Kaffirlimettenblätter

½ Teelöffel Salz

Zubereitung:

Wasser in einen Topf geben und zum Kochen bringen. Schalotten, Knoblauch, Korianderwurzeln und das Hühner-, Schweine- oder Rinderfleisch dazugeben. So viel Wasser hinzugeben, dass alles gut bedeckt ist. Anschließend salzen und die Hitze zurückdrehen. Gelegentlich umrühren und 1 Stunde zugedeckt köcheln lassen. Danach die Brühe so lange kochen, bis sie zu 50 Prozent reduziert ist, und sie anschließend absieben.

Achtung: Bei Rinderbrühe das Wasser nach 10 Minuten durch frisches ersetzen!

Shrimpbrühe

Zutaten:

5 - 6 Tassen Wasser

2 Korianderwurzeln

2 zerdrückte Schalotten

150 - 200 g Shrimpköpfe und / oder -schalen

Zubereitung:

Das Wasser zum Kochen bringen, Koriander und Schalotten dazugeben. Die Shrimpköpfe und / oder -schalen dazugeben und gelegentlich umrühren. Alles 1 Stunde zugedeckt köcheln lassen. Danach die Brühe so lange kochen, bis sie zu 50 Prozent reduziert ist, und sie anschließend absieben.

Chili
Chili / Prik / พริก

(bot. Capsicum spp., v.a. Capsicum annum und Capsicum frutescens)

Im 16. Jahrhundert wurden die ersten Chilipflanzen von den Spaniern nach Europa gebracht. Von Europa nahmen die Portugiesen sie mit nach Indien und Südostasien.

Die Thais haben schon immer scharf gegessen. Sie verwendeten jedoch Senfsamen sowie schwarzen und weißen Pfeffer. Chili veränderte die thailändische Küche. Die Rezepte in diesem Buch sind den Gewohnheiten der westlichen Bevölkerung ein klein wenig angepasst, da einige sonst extrem scharf werden würden. Den originalen Thai-Gerichten kommen sie jedoch sehr nahe.

Wenn Sie gerne Chili essen und es gut vertragen, kann die Menge erhöht werden. Sollten Sie Chili nicht vertragen, empfiehlt es sich, sie aufzuschneiden und die Samen zu entfernen. Denn diese sind hauptsächlich für die Schärfe verantwortlich. Um den Chiligeschmack dennoch zu erhalten, geben Sie nur die Frucht ohne Samen dazu.

Es gibt viele Geschichten, warum in Südostasien so viel Chili gegessen wird. Manche behaupten, Chili zu essen würde helfen, das heiße Klima besser zu ertragen. Eine andere besagt, Chili bessere das Wohlbefinden, wenn man schlechtes Fleisch verspeist hat. Alle diese Behauptungen sind Nonsens, was durch zahlreiche

Untersuchungen belegt ist. Fakt ist einfach: Chili und scharfes Essen machen süchtig. Wenn man sich an diese scharfe Küche gewöhnt hat, erscheint einem ein Gericht ohne Chili einfach langweilig, fad und uninteressant.

Chili kommt nicht nur in den zahlreichen Curryvariationen zum Einsatz, sondern auch in Salaten, Suppen, in vielen Saucen oder als Pulver in einem Gewürzdip gemischt. Oder mit Salz und Zucker, zum Beispiel für den Verzehr von grünen Mangos.

Die in Europa weit verbreitete Bezeichnung „Cayennepfeffer" ist übri-

gens irreführend, da Chili kein Pfef-
fergewächs ist, sondern eine echte
Beerenfrucht und Mitglied der großen
Paprikafamilie.

Für die thailändische Küche sind die
Chilifrüchte reif, wenn sie – je nach
Sorte – eine rote, orange, gelbe oder
lila Farbe angenommen haben. Sie
werden frisch, getrocknet oder als Flocken verwendet. Frisch oder getrocknet kann man sie auch im Mörser zerstoßen. Der Vitamin-C-Gehalt ist bei
frischen Chilis am höchsten. Die als
unreif geltenden grünen Chilischoten
werden übrigens auch genutzt.

In den meisten thailändischen Restaurants stehen getrocknete Chilis
in Form von Chilipulver (Prik Pon)
und frische Chili (kleingeschnitten
und mit Fischsauce gemischt, genannt
„Prik Nam Plaa", Seite 40) zum Nachwürzen auf den Tischen, so wie bei
uns Salz und Pfeffer.

Der Verzehr von Chili soll die Durch-
blutung, die Leber- und Nierentätig-
keit, die Verdauungssäfte (wie Speichelfluss) sowie die Fettverbrennung
anregen. In Japan werden oft chilihal-
tige Vorspeisen gereicht, um den Ap-
petit und die Verdauung anzuregen. Es
heißt auch, Herz und Kreislauf sowie
Sexualorgane würden aktiviert. Weiterhin soll Chili gegen Kopfschmerzen
helfen. Zuviel Chili kann allerdings
die Magenschleimhäute reizen und
soll sogar zu Nierenschäden führen.

Auch bei der Zubereitung von Chili ist Vorsicht angesagt: Entweder Sie
tragen Gummihandschuhe, oder Sie
waschen Ihre Hände sorgfältig, nachdem Sie mit den Chilis fertig sind. Tun
Sie das nicht und kommen in Kontakt
mit Ihren Schleimhäuten oder Augen,
kann das sehr unangenehm sein.

Getrocknete Chili / Dried chili / Prik
Haeng / พริก แห้ง (Seite 22 ganz oben
im Bild)

Lange Chili / Long chili / Prik Chee
Faa Daeng / พริก ชี ฟ้า แดง (Seite 22)

Chilipulver / Chili powder / Prik Pon /
พริก. ปน (oben)

Drachenauge-Chili / Dragon eye chili / Prik Khee Noo / พริก ขี้ หนู (unten
links und rechts)

Chinakohl
Chinese cabbage / Phàk Kàat Khaao / ผักกาดขาว

(bot. *Brassica rapa* subsp. *pekinensis*)

andere Namen: Pekingkohl, Sellerie-kohl, Chinesischer Kohl

Der Chinakohl ist eigentlich kein Kohl, sondern eine Salatpflanze. Entsprechend findet er in Thailand vor allem in Salaten Verwendung, zum Beispiel in Nam Tok Moo (Seite 142), einem sehr scharfen Thai-Steaksalat. Als rohe Beilage wird er allerdings auch oft serviert.

Dill
Dill / Phak Chi Lao / ผักชีอีสาน

(bot. *Anethum graveolens*)

Dill wird, wie der thailändische Name schon verrät, vor allem in der regionalen Küche Nordostthailands verwendet. Dill verträgt sich nicht mit Kokosnussmilch und kommt demnach auch nur in Currys ohne Kokosnussmilch und in Suppen zum Einsatz. „Phak Chi" bedeutet „Koriander", Dill in Thailand heißt demnach „Koriander aus Laos". Dill hat seinen Ursprung gleichwohl in Asien.

Eier
Eggs / Khai / ไข่

Eier werden in der thailändischen Küche häufig verwendet, ob als Suppeneinlage oder bei den zahlreichen Wokgerichten. Sie werden gebraten, gekocht, frittiert, gedämpft oder eingelegt. Für die Eiergerichte werden meistens Hühnereier genutzt, es werden aber auch Wachtel- oder Enteneier verarbeitet.

Wenn man in Asien an den Straßenständen entlang schlendert, fallen einem an manchen Essständen rosa eingefärbte Eier auf. Dabei handelt es sich um sogenannte Khai Yiaou Maa. Die unschöne deutsche Übersetzung lautet „Pferdepisse-Eier". Der Name leitet einen allerdings auf die falsche Fährte: In Deutschland nennt man die Eier „hundertjährige Eier". Doch auch dieser Name ist faktisch nicht richtig. Genau genommen handelt es sich hierbei um fermentierte Eier. Dazu verwendet man rohe Eier, legt sie in eine Mischung aus Gewürzen, Salz, Limettensaft, Teeblättern, Lehm, Kiefernnadeln und Reisspelzen und läßt sie fermentieren. Der Geruch und die Herstellung ist für uns Europäer etwas ungewöhnlich. Doch für asiatische Begriffe essen auch wir mehr oder weniger „vergammeltes Zeug" in Form von Schimmelkäse oder Most (gegärter Apfelsaft): Sind für uns die fermentierten Eier seltsam, so wundern sich die Asiaten über unsere Käsesorten. In Thailand sind fermentierte Eier eine Delikatesse. Ihr Ursprung liegt in China, wo sie „Pidan" oder „Ledereier" genannt werden. Gegessen werden sie meistens mit etwas Sojasauce, zum Beispiel als Beilage zu Pad Krapao.

Manchmal sind Khai Yiaou Maa auch grün eingefärbt. Die Einfärbung dient nur dazu, dass sie nicht mit anderen Eiern verwechselt werden. Die Eier werden auf den asiatischen Märkten selten in Eierschachteln, sondern meistens einfach in Plastiktüten verkauft – für Europäer undenkbar aufgrund der Bruchgefahr.

Touristen verwechseln die fermentierten Eier übrigens oft mit „Balut". Darunter versteht man angebrütete Enteneier, eine weitere Delikatesse Asiens.

Khai Yiaou Maa im Fischteigmantel

Essig
Vinegar / Nomg Corm Crem Chu / น้ำส้มสายชู

Essig findet seit Jahrhunderten Anwendung in der chinesischen Küche, doch nicht nur zum Würzen, sondern auch als Konservierungsmittel. So werden in China Suppen durch die Zugabe von Essig länger haltbar gemacht. Essig wird durch Fermentation alkoholischer Flüssigkeiten unter der Zugabe von Essigsäurebakterien (Essigmutter) hergestellt. Die in Europa üblichen Essigsorten wie Weinessig, Apfelessig oder Obstessig finden in Asien eher selten Verwendung. In der ost- und südostasiatischen Küche wird meistens Reisessig genutzt. Diesen gibt es in weiß, leicht gelb, rot und schwarz. Letzterer erhält seine Farbe, weil schwarzer Klebreis die Grundlage war. Die Reisessigsorten werden unter anderem mit Knoblauch oder Kräutern verfeinert. Essig kann aber auch mit fast jeder Frucht selbst hergestellt werden

Ananasessig
Pineapple Vinegar / Nomg Corm Crem Chu Sapparot / น้ำส้มสายชู สัปปะรดภูเก็ต

Zubereitung:

Bietet sich an, wenn Ananasschalen bei der Zubereitung von Gerichten anfallen. Die Ananasschalen so klein wie möglich schneiden. In einen Topf geben, mit Wasser auffüllen und zum Kochen bringen. Danach den Zucker einrühren und abkühlen lassen. In ein verschließbares Gefäß füllen, die Hefe unterrühren, fest verschließen und 3 Wochen stehen lassen. Danach in saubere Flaschen absieben – fertig.

Zutaten:

1 kg Ananasschalen

350 g Zucker

2 Teelöffel Brothefe

1 Gefäß

Fak Fäng
Fac Feang (Gourd) / Fak Feang / ฟักอ่อน

Fak Fäng, auch „Flaschenkürbis" genannt, wird in Suppen gegeben (Khao Man Gai, Seite 128), zu gebratenen Garnelen gereicht oder in Currys verwendet. Wichtig ist, dass der Kürbis geschält und das Kernhaus herausgeschnitten wird.

Flügelbohne
Winged bean / Thua Phuu / ถั่วพู

(bot. Psophocarpus tetragonolobus)

Beim Kauf von Flügelbohnen sollte darauf geachtet werden, dass sie nicht viel länger als ein Finger sind, denn die längeren sind häufig faserig. Flügelbohnen finden Verwendung in Salaten, pfannengerührten Gerichten oder roh bzw. blanchiert als Beilage. Flügelbohnen sollten schnell verarbeitet werden, da die „Flügel" rasch schwarz werden.

Fisch
Fish / Plaa / ปลา

Die Küstenlänge von Thailand beträgt insgesamt 2.815 km (1.878 km am Golf von Thailand und 937 km am Andamanischen Meer). Das ist über die Hälfte der gesamten Grenzlänge. Folgerichtig nehmen Fisch und Meeresfrüchte einen bedeutenden Anteil in der thailändischen Küche ein. Doch auch Süßwasserfische kommen auf den Speiseplan. Um die große Nachfrage nach Fisch zu befriedigen, gibt es im ganzen Land verteilt zusätzlich unzählige Fischfarmen.

...und Meeresfrüchte
Seafood / Arhan Tra Re / อาหารทะเล

Meeresfrüchte (wie Muscheln, Hummer, Krebse, Tintenfisch, Garnelen, doch auch Meeresalgen und vieles mehr) sorgen für willkommene Abwechslung auf dem thailändischen Speisezettel. Viele Rezepte, die mit Schweinefleisch, Hühnerfleisch, Rindfleisch oder Fisch angegeben sind, lassen sich genauso gut mit Meeresfrüchten zubereiten.

Mangrovenkrabbe / Mangrove Crab / Pudom / ปูดำ **Pudom** / ปูดำ

Jakobsmuscheln / Scallop / Hxy Chel / หอยเชลล์

Venusmuscheln / Venus shell / Hxy lay / หอยลาย

Garnelen / Shrimp / Goong / กุ้ง

Luft getrockneter Fisch / Sun-dried fish / Plaa daed deiyw / ปลาแดดเดียว

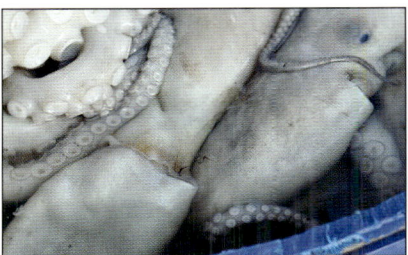

Tintenfisch / Squid / Plahmuk sd / ปลาหมึกสด / Tintenfisch getrocknet / Squid dried / Plahmuk haeng / ปลาหมึกแห้ง

Fischsauce
Fish sauce / Nam Plaa / น้ำปลา

Wenn es eine Nummer eins unter den Gewürzsaucen in der thailändischen Küche gibt, dann ist das auf jeden Fall Fischsauce. Fischsauce kommt fast überall zum Einsatz. Es wird dort verwendet wie bei uns das Kochsalz.

Die Herstellung von Fischsauce ist sehr einfach, und doch haben die meisten Menschen in Europa Probleme damit: Kleine Meeresfische (für beste Qualität nur Anchovis) werden im Verhältnis 3:1 mit Salz gemischt (ein Teil Salz und drei Teile Fisch). Das Ganze wird in große Bottiche gekippt und verbleibt dort bis zu 18 Monate. Es setzt ein Fermentierungsprozess ein, und am Ende ist eine fast klare Sauce entstanden.

Fischsaucenhersteller gibt es aufgrund der hohen Nachfrage reichlich. Die Dimensionen, die manche Fischsaucenfabriken haben, sind gewaltig. Die hier gezeigten Bilder entstanden in einer Fabrik in der Nähe von Trat. Dort befinden sich sage und schreibe

16.000 Tanks, jeweils so groß wie ein mittlerer Swimmingpool. In ihnen gärt Fischsauce im Wert von 3,4 Milliarden Baht (umgerechnet 85 Millionen Euro). Die Vermischung von Salz und Fisch erfolgt hier mit großen Radladern.

Nach dem Abfüllen werden die Tanks gereinigt. Die Masse an Fischgräten und Resten wird als Dünger an Kautschukplantagen verkauft. Die Herstellung kostet also fast keine Energie (wie Strom etc.), und es fallen keine Abfälle an, die entsorgt werden müssten.

Fleisch
Meat / Nour Sad / เนื้อสัตว

In Thailand leben rund 70 Millionen Menschen, und das Klima ist in den meisten Regionen subtropisch. Wenn man die Fleischstände auf den Märkten besucht, kommen uns Europäern Zweifel, denn dort befindet sich keine geschlossene Kühlkette. Fleisch liegt oft in der prallen Sonne und bekommt Besuch von Ameisen, die in langen Straßen über die Tische laufen. Bei Geflügelfleisch und Fisch ist es anders. Hier wird oft auf Eis gebettet. Von den Fleischsorten ist Rindfleisch am teuersten. Insofern wird meistens Schweinefleisch und Hühnerfleisch verwendet.

Gewürze
Spices / Kuan Cad / เครื่องเทศ

Pfeffer

Pepper / Phrik Thai / พริกไท

(bot. Piper nigrum)

Grüner Pfeffer sollte immer frisch verwendet werden. Dazu kauft man ihn am besten nur in kleinen Mengen und bewahrt ihn im Kühlschrank auf, da er schnell schwarz wird. Auch der Geschmack wechselt von scharf und pfeffrig zu bitter. Grünen Pfeffer gibt es zudem in Lake eingelegt. In dieser Form hat er an Biss und Geschmack jedoch viel verloren. Im Übrigen muss er vor der Verwendung gut gewässert werden. Frischer grüner Pfeffer wird unter anderem in dem wenig bekannten Dschungel-Curry verwendet.

Weißer Pfeffer gehört zusammen mit Korianderwurzeln und Knoblauch zu den ältesten Gewürzen in der thailändischen Küche. Weißer Pfeffer kommt meistens gemahlen zum Einsatz. Wenn ein Rezept ganze Körner verlangt, sollten diese kurz in einem Wok geröstet werden.

Schwarze Pfefferkörner werden in Moslem-Gerichten und manchen Currys verwendet.

Koriandersamen

Coriander seeds / Med Phak Chi / เมล็ดผักชี

(bot. Coriandrum sativum)

Vor der Verwendung von Koriandersamen sollten diese sehr vorsichtig bei mittlerer Hitze geröstet werden. Versuchen Sie immer, thailändische Koriandersamen zu bekommen. Diese sind etwas kleiner und haben einen besseren Geschmack.

Falls Sie für ein Rezept Korianderwurzeln benötigen, diese jedoch nicht erhältlich sind, können Sie als Ersatz Koriandersamen verwenden. Koriandersamen sind fester Bestandteil der meisten Currypasten.

Sternanis

Star anise / Poy Kak, Dak Chan / โป๊ ยกั๊ก

(bot. Illicium verum)

Der echte Sternanis wird zusammen mit Fenchel, Cassiazimt, Gewürznelke und Szechuanpfeffer in einer asiatischen Gewürzmischung verwendet, die bei uns als „Fünf-Gewürze-Pulver" bekannt ist.

Da die Hülle des Sternanis aromatischer ist als die Kerne, wird er samt Hülle verwendet oder gemahlen. Er hat übrigens die gleichen Inhaltsstoffe wie der in Europa bekannte Anis und wird oft bei Currys komplett mitgekocht, doch vor dem Servieren entfernt!

Sesamsamen

Sesame seed / Ngaa / เมล็ดงา

(bot. Sesamum indicum)

Sesamsamen werden häufig bei Nachspeisen und allgemein für Süßigkeiten verwendet. Süße Leckereien gibt es in Thailand meistens nur zu besonderen Anlässen wie Geburtstagen oder anderen Familienfeiern.

Muskatblüte

Mace / Dawk Chand / ดอกจันทน์เทศ

(bot. Myristica fragrans)

Die Blüten des Muskatnussbaumes entsprechen nicht dem als „Muskatblüte" bekannten Gewürz. „Muskatblüte" wird der Samenmantel der Muskatnuss genannt und nicht die Blüte der Frucht. Getrocknet oder auch gemahlen wird er zum Würzen verwendet. Muskatblüte sollte unbedingt frisch gerieben werden, damit das Gewürz sein volles Aroma entfaltet. Damit die Muskatblütenstücke frisch bleiben, bewahren Sie diese bitte trocken und im Dunkeln auf. Übrigens sollen sie stimmungsaufhellend wirken!

Salz

Salt / Ghua / เกลือ

Im Vergleich zu unserem Kulturkreis wird reines Salz nur selten zum Würzen verwendet. Im Allgemeinen wird es durch Fisch- oder Austernsauce ersetzt. Allerdings wird es sehr oft eingesetzt, um Zutaten, Saucen etc. haltbar zu machen.

Muskatnuss

Nutmeg / Lūk Canthnthes / ลูกจันทน์เทศ

Fenchel

Fennel / Pak Chi Lohm / ผักชีล้อม

Muskatnuss ist keine Nuss, sondern der innere Kern der Frucht des Muskatnussbaumes. Die frisch geriebene Muskatnuss wird für viele Currys verwendet und ist fester Bestandteil der Gewürzmischung Prik Lap (พริกลาบ), die in Nordthailand für Salate und Fleischgerichte verwendet wird.

(bot. Foenicum vulgare)

In Südostasien werden fast nur die Samen des Fenchels als Gewürz verwendet. Ihr süßer, milder Geschmack wird oft mit Anis verwechselt. Vom Aussehen ähneln die Samen dem Kreuzkümmel, so dass man beim Einkaufen gut aufpassen muss. Es gibt sogar einige Thai-Kochbücher, in denen fälschlicherweise Anis statt Fenchel angegeben wird.

Die Blätter vom Fenchel ähneln denen des Dills. Fenchelsamen werden meistens in Gewürzmischungen und bei einigen Currys verwendet. In Indien werden trocken geröstete Samen übrigens als Atemerfrischer angeboten.

Lorbeerblätter

Bay leaves / Bai Krawan / ใบกระวาน

(bot. Laurus nobilis)

Lorbeerblätter können ein Gericht sehr schnell bitter machen. Meistens reicht ein einziges Lorbeerblatt pro Ein-Personen-Rezept. Es sollte aber möglichst frisch sein, da alte Lorbeerblätter nicht mehr Würze in ein Gericht bringen als ein Kochlöffelstiel. Lorbeer sollte dem Garprozess möglichst früh zugefügt und vor dem Servieren wieder entfernt werden.

Zimtkassie

Cassia / Ob Cheuy / อบเชย

(bot. Cinnamomum cassia)

Zimtkassie (auch „Gewürzrinde" genannt) wird sehr oft mit dem aus Ceylon stammenden echten Zimt verwechselt und leider auch vermischt. Zimtkassie ist ein eigenes Gewürz! Das – in hohen Dosen gesundheitsschädliche – Cumarin ist im Zimtkassie in größeren Mengen enthalten. Daher sollte er sehr sparsam verwendet werden. Diese Zimtsorte ist wesentlich heller, dicker und gröber als die Rinde des Ceylon-Zimtbaumes und auch viel günstiger. Echter Zimt ist in Thailand nur sehr schwer zu bekommen.

Kreuzkümmel

Cumin / Yeera / ผงยีหร่า

(bot. Cuminum cyminum)

Kreuzkümmel sollte immer vor der Verwendung geröstet und sparsam dosiert werden. Doch Vorsicht! Rösten Sie Kreuzkümmel nie zusammen mit anderen Gewürzen, da er nur sehr kurz geröstet werden darf. Und wenn Sie einem Gericht zu viel Kreuzkümmel beigeben, kann es schnell bitter schmecken.

Gewürznelke

Clove / Garn Ploo / กานพล

(bot. Syzygium aromaticum)

Gewürznelken dürfen nur sehr sparsam verwendet werden. Mit ihrem Duft schaffen sie jedoch ein hervorragendes Gegengewicht zu den meistens sehr schweren Moslem-Currys.

Gewürzsaucen
Seasoning sauces / Kheruxngprung / เครื่องปรุง

Das Angebot an fertigen Gewürzsaucen ist in Thailand überwältigend. Leider haben die meisten Fertigsaucen den Nachteil, dass sie zu süß sind und / oder Konservierungsstoffe enthalten. Viele davon lassen sich jedoch auch leicht und schnell selbst herstellen.

Chili-Fischsauce

Chili fish sauce / Phrik Naam Plaa oder Naam Plaa Phrik / น้ำพริกแกง

Eine der bekanntesten Würzsaucen ist mit Sicherheit die Chili-Fischsauce. Sie steht in den meisten Restaurants auf dem Tisch wie bei uns Salz und Pfeffer. Vegetarier können die Fischsauce einfach durch helle Sojasauce ersetzen.

Zutaten:

2 Esslöffel Fischsauce

¼ Esslöffel Limettensaft

1 Schalotte oder Knoblauch nach Belieben

1 - 4 kleine Chilischoten

Zubereitung:

Chili und Schalotte bzw. Knoblauch in feine Scheiben schneiden und mit Fischsauce und Limettensaft mischen - fertig. Es gibt auch Variationen, bei denen die Schalotte bzw. der Knoblauch weggelassen werden.

Pflaumensauce

Sweet plum sauce / Nam Jim Geam Bui Wan / น้ำจิ้ม-บ๊วย

Pflaumensauce gibt es im Asiashop, sie ist aber auch sehr leicht selber hergestellt, und dann hat man die Gewissheit, dass nur das drin ist, was drin sein soll. Pflaumensauce ist ein hervorragender Dip für Frühlingsrollen, aber auch zu Schweinemedaillons oder Geflügel passt sie sehr gut. Bei Koreanischem Barbecue sollte sie ebenfalls nicht fehlen.

Zutaten:

200 ml Reisessig

9 Esslöffel Zucker

1 eingemachte Pflaume

Zubereitung:

Essig und Zucker zu einem dicken Sirup einkochen. Die Pflaume zerdrücken und zum Sirup hinzufügen. Zu einem dickflüssigen Sirup einkochen und abkühlen lassen.

Süße Chilisauce

Sweet chili sauce / Phrik Hwan / ซอส พริกหวาน

Zutaten:

½-1 große rote Chili

4-5 kleine Knoblauchzehen

½ Tasse Zucker

3 Esslöffel Reisessig

½ Teelöffel Salz

1-2 Teelöffel Wasser

Ein super Dip für frittierte Gerichte.

Zubereitung:

Chili und Knoblauch im Mörser zu einer Paste zerstoßen. Paste mit den anderen Zutaten gut mischen.

Erdnusssauce

Peanut sauce / Nam Thaw / ซอสถั่ว

Ein Muss bei Satay, aber auch bei anderen Fleischspießchen oder Gegrilltem ein guter Dip.

Zutaten:

300 g Kokosnusscreme

200 g Erdnüsse, im Mörser zerstoßen

20 g Massaman-Currypaste

20 g Panaeng-Currypaste

80 g Kokosnusszucker

4 Esslöffel Tamarindensaft

½ Teelöffel Salz

Zubereitung:

Kokosnusscreme in einem Wok bei mittlerer Hitze zum Köcheln bringen. Massaman- und Panaeng-Currypaste untermischen und unter ständigem Rühren solange köcheln, bis es duftet. Erdnüsse, Zucker, Tamarindensauce und Salz untermischen und bei geringer Hitzezufuhr noch ein paar Minuten köcheln lassen. Dabei ständig rühren, damit nichts anbrennen kann. Vom Herd nehmen, in Schüsselchen verteilen und abkühlen lassen.

Chinesische Schnittlauch-Knödel-Sauce

Chinese chive dumpling sauce / Jig cho / จี๊กโฉ่ว

Eine Sauce, die für Wonton, aber auch

für andere Teigtaschen verwendet werden kann. Der Name ist etwas irreführend, da Schnittknoblauch die Füllung der Teigtaschen ist und nicht in die Sauce kommt.

Zutaten:

1 Teelöffel dunkle Sojasauce

1 Teelöffel frische, im Mörser zu einer Paste zerstoßene Chilis

1 Teelöffel helle Sojasauce

2 Esslöffel Zucker

2 Esslöffel Reisessig

Zubereitung:

Alle Zutaten zusammenmischen. Anstelle der Chilipaste können auch in feine Scheiben geschnittene Chilis verwendet werden.

Nudelrollen-sauce

Noodle roll sauce / Sauce prink / ซอสพริก

Diese Sauce wird Ihre Hauptgeschmacksnerven treffen: sauer, süß, salzig und heiß! Die Sauce ist eine wunderbare Ergänzung zu den Nudeln.

Zutaten:

2 Teelöffel Fischsauce

1-3 Esslöffel frische, im Mörser zerstoßene rote Chilis

4 Teelöffel helle Sojasauce

5 Teelöffel Zucker

3 Esslöffel Reisessig

Zubereitung:

Alle Zutaten in einem Topf erhitzen und so lange rühren, bis sich der Zucker aufgelöst hat. Warm servieren.

Grüne Mango-Chili-Fischsauce

Green mango chili fish sauce / Nam Pla Prig Mamuang / น้ำปลาพริกมะม่วง

Die Sauce basiert auf Chili-Fischsauce, mit Zugabe von grünen Mango und Limettensaft. Diese Variante ergibt eine universelle Dipsauce oder ein leckeres Thai-Salatdressing. Gegrillter Fisch, ein Spiegelei, Klebreis und diese Sauce, falls Sie einmal Gäste aus Thailand haben – mit dieser Kombination machen Sie Ihre asiatischen Gäste glücklich.

Zutaten:

¼ Tasse fein geraspelte grüne Mango

2-5 kleine rote Thai-Chilis, in feine Scheiben geschnitten

1-2 Esslöffel Fischsauce

¼ Tasse in feine Scheiben geschnittene Schalotten

½ Limette

Zubereitung:

Die Zutatenliste ist hier etwas flexibler. Manche grünen Mangos haben fast keine Säure, dann müssen Sie etwas mehr Limettensaft dazugeben. Andere wiederum sind sehr sauer, so dass auf Limettensaft komplett verzichtet werden kann. Frisch gepresster Limettensaft passt in jedem Fall hervorragend zu Fischsauce.

Alle Zutaten in einer Schüssel gut mischen. Limettensaft frisch auspressen und je nach gewünschter Säure daruntermischen. Ein paar kleine Chilischeiben am Schluss zum Garnieren darübergeben.

Heiße Schalottensauce mit geröstetem Reis

Hot shallot sauce with toasted rice / Nam jim jaow / น้ำจิ้มแจ่ว

Eine gute Sauce, wenn Sie einmal irgendwo zum Grillen eingeladen sind.

Zutaten:

3 Esslöffel Fischsauce

1 Teelöffel gemahlene getrocknete Chilischoten

¾ Limette

2 in feine Scheiben geschnittene Schalotten

1 Teelöffel gerösteter Reis, im Mörser zerstoßen

Zubereitung:

Alle Zutaten in einer Schüssel gut mischen. Tipp: Das geröstete Reismehl erst am Schluss dazugeben, damit es seine knusprige Struktur länger beibehält und sich nicht sofort vollsaugt.

Erdnussdip für gebratenen Tofu

Peanut dipping sauce for fried tofu / Nam Jim Tou Hu Tod / น้ำจิ้มเต้าหู้ทอด

Ein Dipp, der hervoragend zu Tofu passt. Wenn unter Ihren Gästen Leute mit Erdnussallergie sind, die Erdnüsse einfach durch Mandeln ersetzen.

Zutaten:

5-7 Zweige geschnittener Koriander

1 Teelöffel frische Chilipaste

2 Esslöffel geröstete, im Mörser zerstoßene Erdnüsse

1 Prise Salz

2 Esslöffel Zucker

2 Esslöffel Reisessig

Zubereitung:

In einem Topf Zucker, Chilipaste, Salz und Essig erhitzen, bis sich der Zucker aufgelöst hat. Die zerstoßenen Erdnüsse untermischen und zum Schluss den kleingeschnittenen Koriander darüberstreuen.

Sauce für gegrilltes Schweinefleisch

Sauce for grilled pork / Sauce for grilled pork / Nam jim jaow / น้ำจิ้มแจ่ว

Zutaten:

3 Esslöffel brauner Zucker aus Zuckerrohr

2 Esslöffel gehackter Koriander

1 Esslöffel Fischsauce

1 Teelöffel frische rote Chilipaste

1 Teelöffel Tamarindenpaste

4 Esslöffel Wasser

Zubereitung:

Wasser, braunen Zucker, Fischsauce, Koriander, Tamarindenpaste und Chilipaste in einem Topf erhitzen und so lange köcheln lassen, bis sich der Zucker aufgelöst hat. Abkühlen lassen und mit etwas gehacktem Koriander garnieren. Die Sauce wird, wenn sie abgekühlt ist, dicker.

Süß-saure Sauce

Sweet and sour sauce / Sauce peaw hwan / ซอสเปรี้ยวหวาน

Zubereitung:

Zutaten:

1 Teelöffel frische rote Chilipaste

1 Prise Salz

3 Esslöffel Zucker

1 Esslöffel Reisessig

2 Esslöffel Wasser

Alle Zutaten in einem Topf erhitzen und so lange rühren, bis der Zucker sich aufgelöst hat. Aufpassen, dass sich kein Zucker am Topfboden absetzt und karamellisiert. Auf Schälchen verteilen und abkühlen lassen.

Süß-saure Tamarindenensauce

Sweet and sour tamarind sauce / Sauce ma kham / ซอสมะขาม หวาน มะขาม

Zutaten:

4 ganze getrocknete Chilis

3 Teelöffel Fischsauce

⅓ Tasse Palmzucker

2 fein geschnittene Schalotten

2 Esslöffel Tamarindenpaste

1 Teelöffel Palmöl

2 Esslöffel Wasser

Zubereitung:

Öl in einem Wok erhitzen; die Schalotten darin rösten, bis sie goldbraun sind. Die Schalotten auf die Seite stellen. Die Chilis ebenfalls im Wok kurz anrösten und zur Seite stellen. Die restlichen Zutaten im Wok mischen und kurze Zeit köcheln lassen. Auf kleine Schälchen verteilen und die Chili und Schalotten dazugeben. Wenn Sie es besonders scharf möchten, die Chilis vorher zerbrechen. Abkühlen lassen.

Frittierte Fischomelettesauce

Fish omlette sauce oder *Tod Mun Sauce / Sauce prink /* ซอสพริก

Zutaten:

½ geviertelte, vom Kernhaus befreite und in Scheiben geschnittene Salatgurke

½ Teelöffel frische Chilipaste

1-2 Esslöffel Erdnüsse

5 Esslöffel Zucker

5 Esslöffel Reisessig

Zubereitung:

Essig, Zucker und Chilipaste in einem Topf erhitzen. Gurken dazugeben. Auf Schälchen verteilen und abkühlen lassen. Erdnüsse ohne Öl in einem Wok rösten und anschließend im Mörser zerstoßen. Erdnüsse oben auf die Sauce geben und im Kühlschrank aufbewahren, bis die Omelettes fertig sind.

Grüner Salat
Lettuce / Pang Falad / ผัก-สลัด

(bot. Lactuca sativa)

Grüner Salat kommt nicht nur als Salat zum Einsatz, sondern auch als Unterlage, um ein Gericht schön anzurichten, oder einfach als Beilage. In Asien sollte darauf geachtet werden, dass der Salat mit sauberem Trinkwasser gründlich gewaschen wird. Ansonsten hat man gute Chancen, Magen-Darm-Probleme zu bekommen.

Gurke
Cucumber / Dtaaeng Gwaa / ตงกวา

(bot. Cucumis sativus)

Die Gurken in Thailand sind kleiner als unsere europäischen Salatgurken. Von sinnlosen europäischen Normen sind sie verschont geblieben. Gurken werden unter anderem in süß-sauren Gerichten (Seite 124 und 126), Salaten oder als Beilage bzw. zum Garnieren verwendet. Doch es gibt sie auch eingelegt als Dtaaeng Gwaa Dong, das zu rotem Curry gegessen wird.

Ingwergewächse
Ginger family / Cra Mun Pai / สมุนไพร

(bot. Zingiberaceae)

Die Familie der Ingwergewächse in Südostasien beinhaltet ca. 400 Mitglieder, die wild in den Tropen Asiens wachsen. Nicht selten sind die Bezeichnungen in Publikationen irreführend. Oft wird von Thai-Ingwer gesprochen, und in Wirklichkeit ist Galgant (Kha / ข่า) gemeint. Ingwer (Khing / ขิง) und Galgant gehören zwar beide zur Familie der Ingwergewächse, unterscheiden sich aber schon rein äußerlich gewaltig. Beide Rhizome werden in der thailändische Küche häufig verwendet und leider bei uns im Westen häufig verwechselt, obwohl sie sich geschmacklich stark unterscheiden.

Ingwer

Ginger / Khing / ขิง

(bot. Zingiber officinale)

Wird viel in Suppen und Currypasten verwendet. Kaufen Sie nur feste Knollen ohne Falten.

Chinesischer Ingwer

Chinese keys / Kra Chai / กระชาย

(bot. Boesenbergia rotunda)

Auch „Fingerwurz" genannt. Wird als Zutat für viele Gewürzpasten oder in dünne Scheiben geschnitten für pfannengerührte Gerichte verwendet.

Galgant

Galangal / Khaa / ข่า

(bot. Alpinia galanga)

Gehört zu den Zutaten, die die thailändische Küche so einzigartig machen.

Kurkuma

Turmeric / Kha–min / ขมิ้น

(bot. Curcuma longa)

Auch „Gelbwurz" oder „Safranwurz" genannt, ähnelt er äußerlich stark dem Ingwer, hat jedoch intensiv gelbes Fleisch. Kurkuma wird geschält, frisch oder getrocknet als Gewürz oder Farbstoff verwendet. Am bekanntesten dürfte Kurkuma als Bestandteil von Currypulver sein. Kurkuma wird eine energiespendende, reinigende Wirkung zugesprochen. Im Unterschied zur indischen Küche, wo meistens getrocknete, zu Pulver verarbeitete Rhizome verwendet werden, wird in der thailändischen Küche die frische Knolle verwendet

Kardamom

Siam cardamom seed / Luk Krawan / กระวาน

(bot. Amomum testaceum)

Kardamom gehört auch zur Ingwerfamilie, mit dem kleinen Unterschied zu seinen Verwandten, dass hier die Frucht und nicht die Wurzel genutzt wird. In Europa wird Kardamom bisher fast nur als Lebkuchengewürz und in Chai-Tees verwendet. Kardamom regt die Verdauung an und hilft bei Blähungen.

Kai-lan
Kai-lan oder Chinese broccoli / Khanaa / คะ-น้า

(bot. Brassica oleracea var. alboglabra)

Auch bekannt als „chinesischer Brokkoli". Kai-lan ist in Südostasien sehr verbreitet und auf so gut wie jedem Markt zu finden. Kai-lan wird in Suppen und pfannengerührten Gerichten (Seite 112) verwendet.

Kartoffel
Potato / Man Farang / มันฝรั่ง

(bot. Solanum tuberosum)

Die in Thailand erhältlichen Kartoffeln sind rein äußerlich von den europäischen Kartoffeln nicht zu unterscheiden. Aber bei den Kocheigenschaften und dem Geschmack stellt man dann doch erhebliche Unterschiede fest. Bratkartoffel oder Kartoffelpüree, wie man es in Europa kennt, ist damit nur mit Abstrichen herzustellen. Man Farang sind auch im Verhältnis zu anderen Zutaten teuer und kommen nur selten zum Einsatz, wie zum Beispiel im Massaman-Curry.

Knoblauch
Garlic / Krathiam / กระเทียม

(bot. Allium sativum)

Knoblauch gehört zu den wichtigsten Zutaten. Er wird ganz, zerhackt, zerdrückt, eingelegt, roh oder gebraten verwendet. Es gibt verschiedene Knoblauchsorten in Thailand, aber der am meisten verwendete ist wesentlich kleiner als der in Europa bekannte, und die einzelnen Zehen haben eine dünnere Haut, die meistens einfach mitverwendet wird. Knoblauch wird oft dazu benutzt, um das Öl zu würzen, bevor Fleisch oder Gemüse darin gebraten wird. In der Thai-Küche wird selten Sesamöl, sondern ein Pflanzenöl, das wenig bis gar keinen Eigengeschmack hat, verwendet. Wenn Sie Thai-Knoblauch im Asialaden kaufen, achten Sie darauf, dass er sich hart anfühlt und für seine geringe Größe schwer erscheint. Auch eine leichtrosa Farbe ist ein gutes Zeichen für frische Ware. Knoblauch sollte nicht im Kühlschrank aufbewahrt werden, sondern an einem kühlen, trockenen Ort.

Wenn ein wirklich starker Knoblauchgeschmack gewünscht wird, nehmen Sie eingelegten Knoblauch.

Eingelegter Knoblauch

Pickled garlic / Krathiam Dong / น้ำ กระ เทียม ดอง

Zubereitung:

Geben Sie den Knoblauch in einen Topf und bedecken Sie ihn mit Wasser. Nach einer Stunde das Wasser abschütten und den Knoblauch schälen. Etwas trocknen lassen. In der Zwischenzeit den Essig erhitzen und Zucker und Salz darin auflösen. Den Sud abkühlen lassen. Den Knoblauch in Einmachgläser verteilen und mit dem Sud übergießen. Gut verschließen und erst nach einem Monat verwenden.

Zutaten:

500 g kleine ungeschälte Knoblauchzehen

250 ml Reisessig

250 g Zucker

2 Esslöffel Salz

Koriander
Coriander / Phak Chi / ผักชี

(bot. Coriandrum sativum)

Beim Koriander gilt: Entweder man liebt ihn, oder man hasst ihn. Koriander wird in der asiatischen Küche komplett verwendet! Wenn Sie also Koriander im Asialaden kaufen, achten Sie darauf, dass es sich um komplette Pflanzen inklusive Wurzeln handelt. In den Sommermonaten kann Koriander in Europa auch leicht selbst angepflanzt werden. Die Samen werden geröstet als Gewürz in Currypaste verwendet, oder um etwas zu marinieren. Die Blätter werden meistens zum Garnieren genutzt. Als etwas Besonderes in der thailändische Küche gilt die Verwendung von Korianderwurzeln (z.B. Seite 128). Sie geben zahlreichen Gerichten ein besonderes Aroma. Koriandersamen aus Thailand sind viel kleiner, dunkler und schärfer im Geschmack als die bei uns wachsenden Sorten. Man bekommt sie leicht in fast jedem Asialaden.

Langer Koriander
Sawtooth coriander / Pak Chi Farang / ผักชี ฟันเลือย

(bot. Eryngium foetidum)

Langer Koriander oder „Sägezahn-Koriander", wie er auch genannt wird, schmeckt etwas intensiver als sein kleinblattriger Namenskollege und kann auch genauso in der Küche verwendet werden. Er findet sich sehr oft in Gerichten mit Rindfleisch, wird aber auch roh gegessen.

Krabbenpaste
Thai shrimp paste / Kapi / กะปิ

Eine bekannte thailändische Köchin sagte einmal, Krabbenpaste sei die Seele der thailändischen Küche. Die Paste, die aus gesalzenen, fermentierten und in der Sonne getrockneten Shrimps besteht, wird so wie sie ist oder leicht angeröstet verwendet. Die berühmteste Krabbenpaste gibt es in Thailand auf Koh Chang, nahe der kambodschanischen Grenze. Durch den sehr hohen Salzgehalt ist Krabbenpaste im Kühlschrank ewig haltbar und ein gutes Mitbringsel.

Getrocknete Krabben
Dried prawns / Goong Haeng / กุ้งแห้ง

Getrocknete Krabben kauft man nach Farbe und Geruch. Dabei gilt: Je roter sie leuchten und je süßer sie riechen, desto besser ist die Qualität. Bevor sie verwendet werden können, sollten sie in einer Gewürzmühle gemahlen werden.

Kürbis
Kabocha / Fak Thong / ฟักทอง

(bot. Cucurbita maxima)

Kürbisse sind auf den Märkten Asiens fast überall zu finden und ein echter Hingucker. Das leuchtend gelbe Fruchtfleisch sticht richtig hervor unter all den anderen Waren. Kürbis wird meistens in Würfel geschnitten und in Suppen oder Currys verwendet. Kürbis passt zum Beispiel sehr gut zu rotem Curry (Seite 150). Die Kerne findet man geröstet und gesalzen als Snack in vielen Restaurants.

Baby-Maiskolben
Baby corn / Khao Pod On / ข้าว-โพด-อ่อน

(bot. Zea mays)

Baby-Maiskolben werden vielfach verwendet. Sie passen hervorragend zu grünem Curry (Seite 146), zu Suppen mit Kokosnuss und zahlreichen pfannengerührten Gerichten (Seite 152). Man muss aufpassen, dass man die kleinen Kolben nicht verkocht. Am besten mischt man sie daher erst gegen Ende des Garprozesses unter die anderen Zutaten.

Mehl
Flour / Pang / แป้ง

Reismehl

Rice Flour / Faeng Kao Chau /
แป้งข้าว จ้า

Reismehl wird aus poliertem Reis fein gemahlen. Es ist zum Backen nicht besonders geeignet, da es kein Gluten (Kleber) enthält. Um es zum Backen zu verwenden, muss es mit anderem Mehl gemischt werden.

Tapiokamehl

Tapioca flour / Paeng Man Sampalang
/ แป้งมัน

Tapioka ist eine Stärke, die aus Cassava *(bot. Manihot esculenta),* auch bekannt als Maniok, extrahiert wird. Sie wird oft zu Perlen verarbeitet, aus denen man Snacks und Desserts herstellt, und kann auch sehr gut als Soßenbinder verwendet werden.

Tempuramehl

Tempura flour / Paeng Thxd krxb trakoka / แป้งทอดกรอบ ตรา โกกิ

Tempurmehl wird in der Regel aus Weizenmehl, Backtriebmittel, Salz, Geschmacksverstärker E621, Tapiokamehl und Backpulver hergestellt (in manchen Mischungen findet man auch einen Anteil Maismehl und Reismehl) und ist besonders zum Ausbacken geeignet. Gebackene Bananen, Schweinefleisch süß-sauer und vieles mehr wird mit diesem Mehl hergestellt.

Mungobohnen-mehl

Mung bean flour / Paeng Thua Kiau /
ถั่วเขียว

Ein sehr feines, glutenfreies Mehl, das aus Mungobohnen *(bot. Vigna radiata)* hergestellt wird. Mungobohnenmehl ist sehr gut für die Herstellung dünner, transparenter Nudeln geeignet. Die Nudeln sind reich an Kalzium, Magnesium und Phosphor. Mit Mungobohnenmehl kann man auch Brot und Gebäck herstellen.

Klebreismehl

Glutinous rice flour / Paeng Khao Niew / แป้งข้าวเหนียว

Klebreismehl ist glutenfrei und je nach enthaltener Klebreissorte in schwarz und weiß erhältlich. Klebreismehl wird vor allem bei Süßspeisen wie Kuchen und Nachspeisen verwendet.

Pfeilwurzelmehl

Arrowroot flour / Arrowroot flour / Paeng theayaymxm / แป้งเท้ายายม่อม

Gemahlen aus dem Rhizom des Pfeilwurz *(bot. Maranta arundinacea),* wird Pfeilwurzelmehl als Verdickungsmittel verwendet. Es ist leichter verdaulich und sollte vor der Zugabe in kaltem Wasser angerührt werden. Pfeilwurzelmehl ist absolut geruchs- und geschmacksneutral. Es trübt die Speisen nicht ein, so wie viele andere Stärkeprodukte, und kann auch für Speisen verwendet werden, die nicht zu heiß gekocht werden dürfen.

Paniermehl

Breadcrumbs / Paeng Thxd krxb trako-ka / แป้ง ทอด กรอบ ตรำ โกกิ

Es gibt fertige Paniermehlmischungen, in denen Tempuramehl mit Gewürzen wie zum Beispiel Zwiebelpulver, Hähnchenaroma, Chili-Knoblauch- und Pfefferpulver, Maltodextrin, Ingwerpulver, Zucker, Paprikapulver, Geschmacksverstärker E621, Salz etc. gemischt wurde. Dieses Mehl ist besonders gut zum Panieren von Fisch und Garnelen geeignet. Paniermehl gibt es vom fein bis grob, je nach Verwendungszweck.

Geröstetes Reismehl

Roasted rice flour / Kao Kua / ข้าว คั่ว

Zur Herstellung wird ungekochter Reis in einem sauberen Wok geröstet, bis er eine leicht braune Farbe annimmt (Vorsicht: Der Reis verbrennt zum Ende hin leicht!) Anschließend wird der geröstete Reis in einem Mörser zerstoßen. Dabei kann man selber steuern, wie fein oder grob man das Mehl haben möchte – je nach Verwendungszweck.

Minze
Mint / Bai Saranae / สะ ระ แหน่

(bot. Mentha cordifolia Opiz ex Fresen)

Thailändische Minze wird so gut wie in jedem Salat verwendet, aber immer nur ein wenig. Es werden nur die Blätter genutzt, und je kleiner die Blätter sind, desto besser sind sie im Geschmack. Minze darf nicht mit einem Messer kleingeschitten werden, da sie sonst schwarz wird. Der erfrischende minzige Geschmack harmoniert hervorragend mit den meisten Salatdressings.

Möhre
Carrot / Care-rot / แค-รอท

(bot. Daucus carota subsp. sativus)

Möhren sind eine sehr beliebte Zutat in Asien. Zu feinen Stiften geschnitten, kommen sie in Salaten, als etwas größere Stifte in Currys und in Scheiben geschnitten in Suppen zum Einsatz. Aber auch geschält, in Stifte geschnitten und dann roh als Beilage serviert oder zu Kunstwerken geschnitzt, werden Möhren gerne verwendet.

Niembaumblüten
Neem tree blossoms / Ca-doun / สะเดา

(bot. Azadirachta indica)

Die zarten Triebe des Niembaumes und die Blüten werden als Gemüse meistens zu gebratenem Fisch gegessen.

Nudeln
Noodles / Guai dtiao / ก๋วยเตี๋ยว

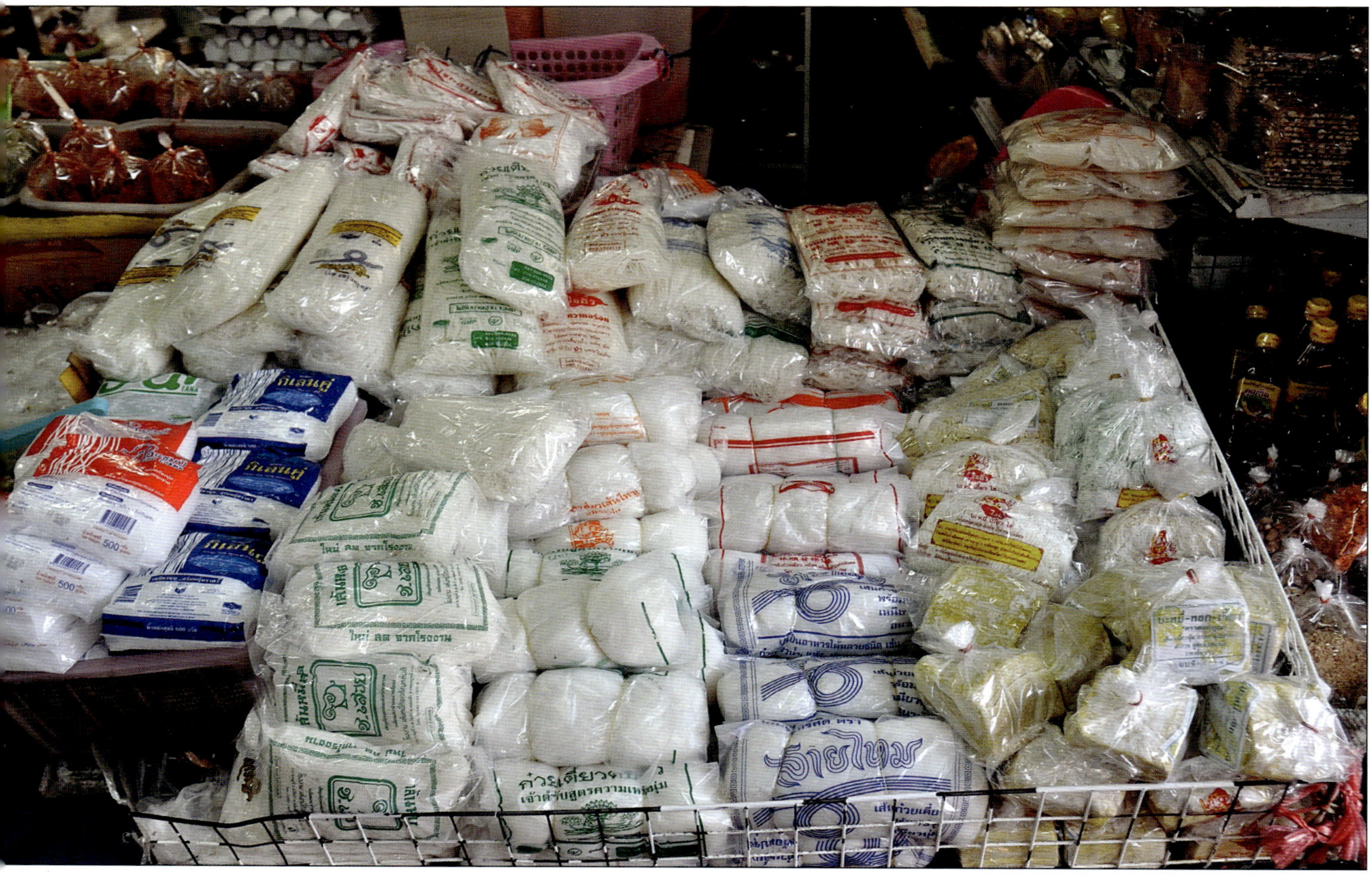

Nudeln sind in der asiatischen Küche, in der Reis allmächtig erscheint, eine willkommene Abwechslung. Gleichwohl sind fast alle Gerichte mit Reis oder Nudeln variierbar. Getrocknete Nudeln müssen normalerweise ca. 20 Minuten eingeweicht werden, bevor sie gekocht werden. Die Kochzeit verringert sich dadurch gewaltig.

Breite, flache Reisnudeln

Wide rice noodles / Sen Yai / เส้นใหญ่.

Sie werden zum Beispiel gerne bei Pat Zi Iu und anderen Gerichten mit viel Soße verwendet. Der komplette Name lautet „Guai Dtiao Sen Yai". Da die breiten Streifen aus den Packungen meistens zu lang sind, empfiehlt es sich, sie in noch hartem Zustand in maximal zehn Zentimeter lange Stücke zu brechen.

Eiernudeln

Egg noodles / Bami / บะหมี่.

Eiernudeln werden in Thailand noch nicht lange gegessen und produziert, da sie aus Weizen hergestellt werden, der extra importiert werden muss, was diese Nudeln im Land auch etwas teurer macht. Eiernudeln werden in Suppen, gebraten, aber auch frittiert verwendet. Der Teig für Bami kann mit oder ohne Zugabe von Eiern hergestellt werden. Durch die Zugabe von Eiern erhalten die Nudeln eine gelbe Färbung.

Thai-Reisfaden-nudeln

Thai rice vermicelli / Khanom Chin / ขนมจีน.

Sie werden aus fermentiertem Reis hergestellt und finden sich frisch zubereitet auf vielen Märkten. Verwendet werden sie bei Currys, scharfen Suppen und in Salaten, wie zum Beispiel in Som Tam, dem bekannten grünen Papayasalat, oder Khanom Chin Sao Nam, einem Salat mit frischer Ananas.

Glasnudeln

Cellophane noodles oder glass noodles / Wunsen / วุ้นเส้น

Extrem dünne Nudeln, die aus Mungobohnenmehl hergestellt und, sobald sie Wasser aufgesaugt haben, transparent werden. Verwendet werden sie gebraten, in Salaten, Suppen oder bei Koreanischem Barbecue.

Reisnudeln

Rice noodles / Guai Dtiao / ก๋วยเตี๋ยว

Das Wort „Guai dtiao" bedeutet wörtlich übersetzt „Kuchen-Streifen".

Die meist verwendeten Reisnudeln sind schmale, flache Reisnudeln (narrow rice noodles / Sen Lek / เส้นเล็ก). Sie finden zum Beispiel in den sehr beliebten Pad Thai (Seite 120) oder in Suppen Gebrauch. Der komplette Name lautet „Guai Dtiao Sen Lek".

Reisfadennudeln

Rice vermicelli (thin) / Sen Mi / เส้นหมี่.

Reisfadennudeln werden überwiegend in Suppen verwendet. Der komplette Name lautet „Guai Dtiao Sen Mi".

Wonton-Teigblätter

Wantan / Pan Kaew / แผ่นเกี๊ยว

Nudelteigquadrate, die mit unterschiedlichen Füllungen zu richtigen kleinen Kunstwerken gefaltet eine leckere und sehr beliebte Suppeneinlage ergeben. Einzelne Teigblätter können auch frittiert und zum Garnieren von Gerichten verwendet werden. Es gibt dem Einsatzzweck entsprechend verschiedene Sorten.

Nüsse - Erdnüsse
Peanuts / Tour Re Cor Koy / ถั่วลิสง คั่ว

(bot. Arachis hypogaea)

Erdnüsse werden geschält und dann roh, geröstet und meistens ungesalzen in zahlreichen Gerichten verwendet. Sie sind Grundlage der beliebten Erdnusssauce und von Erdnussöl. Ab und zu findet man auch Mandeln zu kaufen. Cashewkerne werden im Früchteteil dieses Buches extra beschrieben. Macadamianüsse werden meistens aus Australien importiert und sind deshalb auch sehr teuer. In der thailändischen Küche haben sie keine Bedeutung.

Okra
Okra / Ka Jeab / กระเจี๊ยบ

(bot. Abelmoschus esculentus)

Okra gehört zu den ältesten Kulturpflanzen Südostasiens. Okra werden gekocht, gedünstet oder gebraten in zahlreichen Gerichten verwendet. Beim Kauf sollte darauf geachtet werden, dass es sich um junge, unreife Früchte handelt. Reife Früchte sind sehr faserig und deshalb ungenießbar. Auch die Blätter der Pflanze werden in manchen Regionen als Gemüse zubereitet. Okra erinnern vom Geschmack etwas an grüne Bohnen, sind sehr kalorienarm und reich an Ballaststoffen, Kalium, Kalzium, Eisen und Vitamin C. Auch als Heilpflanze zur innerlichen Anwendung hat Okra eine große Bedeutung. Beim Kochen gibt die Schote eine schleimige Substanz ab, der bei Magenbeschwerden, Entzündungen im Darm oder bei Entzündungen in Mund und Rachen heilende Wirkung nachgesagt wird.

Öl
Oil / Nong Mon
Pure / น้ำมันพืช

Anders als zum Beispiel in der italienischen Küche das Olivenöl wird in Asien meistens Öl mit wenig Eigengeschmack verwendet. Deshalb wird oft als erstes in dem Öl Knoblauch, Chili oder beides kurz angeröstet, um dem Öl eine gewisse Würze zu geben. Gutes Öl gehört zu den wichtigsten Grundzutaten in der thailändischen Küche und wird zum Braten, Frittieren und bei manchen Currys benötigt. Meistens wird Palm- oder Kokosnussöl verwendet. Dieses Öl ist auch für hohe Temperaturen, wie sie beim Kochen im Wok entstehen, gut geeignet; es entwickelt trotz hoher Temperaturen wenig Rauch. Außerdem ist es, wenn es biologisch ohne genmanipulierte Zutaten hergestellt wird, gesünder als manche behaupten. Gute Alternativen sind Öle aus Sojabohnen, Sonnenblumenkernen, Maiskeimlingen, Erd- oder anderen Nüssen. Olivenöl ist für das Kochen im Wok nicht geeignet, da es den hohen Temperaturen nicht standhält und eventuell dadurch sogar gesundheitsschädlich werden kann. Sesamöl wird zwar in der chinesischen Küche, aber nicht in der thailändischen verwendet. Reisöl wird aus dem Keim und der inneren Schale des Reiskorns hergestellt, hat gute Eigenschaften beim Kochen mit hohen Temperaturen, wenig Eigengeschmack und ist somit vielseitig verwendbar. Außerdem ist es leicht verdaulich und wohlschmeckend.

Pandanusblätter
Pandan (screwpine) leaves / Bai Toei / ใบเตย

(bot. Pandanus amaryllifolius)

Diese duftenden Blätter werden zum Aromatisieren von verschiedenen süßen Snacks / Desserts verwendet. Sie kommen außerdem bei dem sehr bekannten Gericht Kai Ho Bai Toei (frittiertes Hühnchenfleisch in Pandanusblätter eingewickelt) zum Einsatz. Auch diverse Fischgerichte werden in Pandanusblätter geschlagen serviert. Bei Khao Man Gai (Seite 128) werden ein bis zwei Pandanusblätter der Hühnerbrühe, in der der Reis gegart wird, hinzugegeben, um den Reis zu aromatisieren.

Paprika
Bell pepper / Prik-wrean / พริก-หวาน

(bot. Capsicum annum)

Paprika passen mit Ananas hervorragend zu Süß-Saurem. Paprika werden aber auch zu anderen gebratenen Gerichten, frittiert oder gefüllt (zum Beispiel mit gehacktem Schweinefleisch und Reis) verwendet. Paprika werden immer von den Kernen und den Zwischenwänden im Inneren befreit, bevor sie verarbeitet werden.

Pilze
Mushrooms / Het / เห็ดรา

Die Bandbreite an essbaren Pilzen in Südostasien ist gewaltig. Eine detaillierte Betrachtung würde den Rahmen dieses Buches bei Weitem sprengen.

Pilze finden sowohl in Suppen und Currys als auch in diversen Wokgerichten Anwendung. Die bei uns bekanntesten asiatischen Pilze sind die Wolkenohren (Cloud ear mushrooms / Het Huu Nuu), die es meistens getrocknet zu kaufen gibt und die zunächst einige Zeit in Wasser gelegt werden müssen.

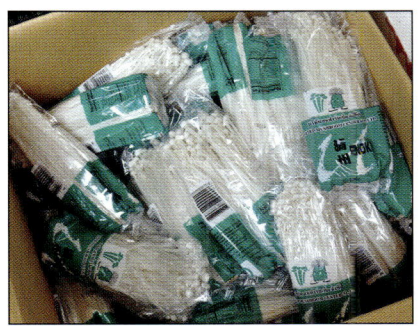

Plarra-Würzsauce
Plarra seasoning sauce / Plarra / ปลาร้า

Bei Plarra handelt es sich nicht um ein eigenständiges Gericht, sondern um eine Würzsauce für den Papayasalat. Sie ist für uns Europäer extrem gewöhnungsbedürftig, da einem ein penetrant stechender Geruch entgegenströmt, wenn man daran riecht – es handelt sich nämlich um fermentierten Fisch.

Bei der Verwendung dieser Würzsauce kommt es jedoch auf die Menge an. Wir würden auch nie einen Esslöffel Salz pur zu uns nehmen. Entsprechend reicht von Plarra eine sehr geringe Menge, um einem Gericht die richtige Würze zu verleihen.

Wenn man dieses „Gewürz" in einem guten Verhältnis zu anderen Zutaten einsetzt und Speisen mit dieser und ohne diese Würzsauce kennt, möchte man nicht mehr darauf verzichten.

Einheimische verwenden diese Sauce übrigens auch, wenn sie grüne Mangos und etwas Zitronengras essen.

Mit diesem Rezept können Sie die Sauce selbst herstellen und kochen damit „echt thailändisch".

Allerdings gibt es „Plarra" mittlerweile auch in gut sortierten Asiashops.

Zutaten:

In Thailand werden meistens Silberbarben (Silver Barb / Plaa Tapian / ปลาตะเพียน) oder Siamesische Karpfen / Giant Siamese Carp / Plaa Caho ปลา-ตะเพียน) verwendet. Ersatzweise Forelle oder Barsch.

1 Tasse grobes Pökelsalz (rock salt)

1 Tasse Reisspelzenmehl

½ Teelöffel Salz

1 kg Frischwasserfisch

Zubereitung:

Den Fisch waschen, ausnehmen, von Schuppen befreien und einschneiden. Mit dem Salz und dem Reisspelzen-Mehl sehr gut mischen und in ein Gefäß geben. Es setzt ein Fermentierungsprozess ein. Nach ca. 10 Tagen ist die erste Flüssigkeit zu sehen. Nach 2 bis 3 Monaten kann die Sauce verwendet werden und nach ca. 8 Monaten hat sich der Fisch komplett zersetzt.

Reis
Rice / Khao / ข้าว

(bot. Oryza sativa)

Ohne Reis geht in der thailändischen Küche gar nichts. Das thailändische Wort für „essen" („kin-khao" / „กิน ข้าว") bedeutet, wörtlich übersetzt, „Reis essen". Um authentisch Thai zu kochen, sollten Sie nicht irgendeinen Reis, sondern wirklich Thai-Reis (auch „Duft"-, „Siam"- oder „Jasminreis" genannt („Khao Hom Malee")), verwenden. Da Thailand weltweit der wichtigste Reisexporteur ist, sollte es kein Problem sein, echten Thai-Reis zu finden. Man liest auch oft die englische Handelsbezeichnung „Thai Fragrant Rice" auf der Verpackung.

Aufgrund seines geringen Natriumanteils hilft Reis auch bei der Entwässerung des Körpers bei Übergewicht und Bluthochdruck. Vielen Asienurlaubern dürfte nicht entgangen sein, dass trotz reichlicher asiatischer Kost die Waage zuhause erfreulicherweise nach dem Urlaub weniger anzeigt.

Aus Reis werden auch Wein, Essig, Bier, Whisky, Milch, Mehl, Nudeln, Gebäck, Reispapier und vieles mehr hergestellt.

Klebreis wird überwiegend im Norden und Nordosten von Thailand gegessen. Er wird nicht gekocht, sondern gedämpft (im aus Bambus geflochtenen Behälter über einem Wassertopf - siehe Seite 86), wobei die Körner zusammenkleben und dann mit den Fingern gegessen werden können.

Bild gegenüber: Den Hintergrund bildet ungekochter Jasminreis (Thai fragrant rice / Khao Suay / ข้าว หอม มะลิ)
Oben links: Ungekochter Klebreis (uncooked sticky oder glutinous rice / Khao Niew / ข้าว คัว)
Oben rechts: gekochter Klebreis (cooked sticky oder glutinous rice / Khao Niew / ข้าว คัว)
Mitte links: gerösteter Reis (dry fried rice / Khao Kua / ข้าว คัว)
Mitte rechts: gerösteter und im Mörser zerstoßener Reis (powdered dry fried rice / Khao Kua / ข้าว คัว)
unten links: gekochter Jasminreis
unten rechts: gekochter und gebratener Jasminreis (crispy rice / Khao Tang / ข้าวตัง)

Rettich
Radish / Wad Sei Daw / หัวไชเท้า

(bot. Raphanus sativus var. longipinnatus)

Rettich (in Asien auch „Daikon", „Japanischer Rettich", „Mooli" oder „Chinesischer Rettich" genannt) wird in vielen Suppen in Scheiben geschnitten oder gerieben verwendet. Auch bei der Herstellung von Suppenbrühe werden oft Rettichstücke dazu gegeben. Mit Chilis gemischt, wird eine leckere Dipsauce hergestellt. Eingelegt und dann zu kleinen Würfeln geschnitten, wird er auch zum Garnieren und Würzen von vielen Speisen verwendet.

Schnittknoblauch
Garlic chives / Kui-chai / กุ้ยฉ่าย

(bot. Allium tuberosum)

Wird auch „Chinesischer Schnittlauch", „Knolau" oder „Knoblauch-Schnittlauch" genannt. Die Blätter sind flach und nicht rund und hohl wie bei normalem Schnittlauch. Kui Chai ist wichtiger Bestandteil bei Pad Thai. Schnittknoblauch kann sehr gut in Balkonkästen auch in Europa gezogen werden.

Schnittknoblauch sollte wie auch Schnittlauch nicht längere Zeit mitgekocht werden, sondern erst am Schluss der Zubereitung dazugegeben werden.

Schnittknoblauch eignet sich sehr gut als essbare Deko, zum Beispiel bei Salaten oder auf Reis, und hat gleichzeitig appetitanregende, verdauungsfördernde Eigenschaften.

Senfkohl
Pak choi / Kroun Tung / กวางตุ้ง

(bot. Brassica rapa susp. chinensis)

Pak Choi, der bei uns „Senfkohl", „Chinesischer Senfkohl" oder „Blätterkohl" genannt wird, erinnert von den Blättern her etwas an Mangold und geschmacklich an Chinakohl mit etwas Schärfe. Er kann roh, gekocht oder gedünstet verwendet werden. Wichtig ist, dass die Garzeit knapp gehalten wird, da er schnell seine Knackigkeit verliert. Aus Pak Choi lassen sich leckere vegetarische Gerichte zaubern. Der würzige Geschmack passt zum Beispiel hervorragend zu Tofu und Pilzen. Kleingeschnitten lassen sich ein leckeres Omelette oder Pfannkuchen damit zubereiten. Wichtig ist, dass Pak Choi immer frisch gekauft wird, da er nicht lange haltbar ist. Sobald die weißen Stiele Verfärbungen aufweisen, sollte er nicht mehr verwendet werden. Pak Choi findet man in Asiashops aber auch eingelegt.

Sojasauce
Soy sauce / Naam Sii Luh / ซอสถั่วเหลือง

Sojasaucen sind wichtiger Bestandteil in der asiatischen Küche, ob zum Würzen, Marinieren oder einfach als Salzersatz zu Tisch. Es gibt helle Sojasauce (light soy sauce / Si-io khao / ซีอิ๊วขาว) und dunkle Sojasauce (dark soy sauce / Si-io dam / ซีอิ๊วดำ). Die Thais nennen sie „weiße" und „schwarze" Sojasauce. Wer nun im Asialaden nach einer hellen Sojasauce in Form einer hellen Flasche mit heller Flüssigkeit sucht, sucht vergebens – beide Saucen sind dunkel! Sie unterscheiden sich im Wesentlichen im Geschmack und in der Konsistenz. Die helle Sojasauce ist in der Regel salziger als die dunkle, die meistens etwas süßer schmeckt.

Sojasauce wird aus Sojabohnen *(bot. Glycine max)*, Wasser und Salz durch Fermentation hergestellt. Unterschiedliche Quellen belegen, dass Sojasauce in China schon seit 2.800 Jahren produziert wird.

Helle Saucen werden meistens zum Würzen verwendet, dunkle Sauce eher dazu, mehr Farbe in die Sauce zu bringen.

Sojasprossen
Bean sprouts / Thua Ngok / ถั่วงอก

(bot. Vigna radiata)

Die wohlschmeckenden Keimlinge, die bei uns fälschlicherweise „Sojabohnenkeime" genannt werden, stammen in Wirklichkeit von der Mungobohne *(bot. Vigna radiata)*. Man kann sie sehr leicht selber aus Samen ziehen. Mungobohnenkeimlinge werden in vielen Gerichten Südostasiens verwendet. Als Salat, Gemüse und bei Pfannengerührtem (hier zählen sie zu den klassischen Wokgemüsesorten) oder als Suppeneinlage finden sie reichlich Verwendung. Die Saat wird auch gerne in Snacks verarbeitet, wofür die grüne Schale entfernt wird und die dann gelben Körner geröstet werden. Aus ihrem Mehl werden die bekannten Glasnudeln hergestellt.

Süßkartoffel
Sweet potato / Nam-tap / มันเทศ

(bot. Ipomoea batatas)

Die mit unseren Kartoffeln nur weitläufig verwandten Süßkartoffeln finden oft in rotem und gelbem Curry, aber auch in Suppen und zur Herstellung von Stärkemehl, Sago, Zuckersirup und Branntwein Verwendung.

Die rotfleischigen Knollen haben ein intensiveres Aroma und bessere Kocheigenschaften als ihre hellen Familienmitglieder. In manchen asiatischen Ländern werden aus Süßkartoffeln auch Nudeln hergestellt. Neben Reis gehören Süßkartoffeln zu den wichtigsten Nahrungsmitteln der Welt.

Thailändisches Pfefferblatt
Cha phlu leaf / Bai Cha Plu / ใบชะพลู

(bot. Piper Sarmentosum)

anderer Name: Wilder Betel

Das Thailändische Pfefferblatt wird oft roh als essbare Verpackung, zum Beispiel für Miang Kham, verwendet. Übersetzt heißt „Miang Kham" so viel wie „viele Zutaten mit einem Bissen essen" („Miang" = „Essen in einem Blatt verpackt" und „Kham" = „ein Bissen"). Diesen Snack findet man sehr oft an Straßenständen, wobei die Füllung sehr unterschiedlich sein kann.

Thai-Sellerie
Thai celery / Khün Dschai / ขึ้นฉ่าย

(bot. Apium graveolens var. secalinum)

auch bekannt unter: Chinesischer Sellerie

Thai-Sellerie wird oft mit glatter Petersilie verwechselt. Er ist viel aromatischer und intensiver im Geschmack als die in Europa bekannten Sorten. In unseren Asialäden ist er gut erhältlich. In der Thai-Küche wird er besonders in pfannengerührten Gerichten verwendet. Als Suppeneinlage ist er ebenfalls sehr beliebt (164).

Thai-Spargel
Green Thai asparagus / No Mai Farang / หน่อไม้ฝรั่ง

(bot. Aspargus officinalis)

Bei manchen Zutaten lässt sich der Einfluss von Europäern in der Thai-Küche nicht verleugnen. Thai-Spargel ist das beste Beispiel. Thailand ist gesegnet mit einem Land, in dem so gut wie alles wächst, und um die Neuankömmlinge aus dem Westen zufriedenzustellen, wurden auch schnell ihre beliebtesten Gemüsesorten angebaut und dann nicht selten in die einheimische Küche integriert. „Western Bamboo", wie der Thai-Spargel spaßeshalber in Thailand genannt wird, hat wie fast alles, was von außerhalb kommt, den Beinamen „Farang". Und alles, was diesen Beinamen trägt, ist auch etwas teurer als heimische Produkte.

Tofu
Tofu oder bean curd /
Dtor Hu / เต้าหู้ถั่ว

Tofu wird aus Sojabohnen *(bot. Glycine max)* hergestellt. Die zuvor eingeweichten Bohnen werden in Wasser püriert und durch ein Tuch gepresst. Das Filtrat, eine milchige Flüssigkeit, ist der Ausgangsstoff für die Tofuherstellung. Gemischt mit einem Gerinnungsmittel, klumpt das Eiweiß ähnlich wie bei der Käseherstellung und kann nach dem Abtropfen in schnittfeste Blöcke gepresst werden. Die Reste der ausgepressten Bohnen können als Gemüse im Wok oder zu Brotaufstrich verarbeitet werden. Sojabohnen werden in China schon seit mindestens 2.500 Jahren angebaut, und die Tofuherstellung soll dort angeblich 164 v. Chr. erfunden worden sein. Eine genaue Anleitung zur Tofuherstellung finden Sie im Rezeptteil des Buches auf Seite 104.

Taro
Taro / Pheuak / เผือก

(bot. Colocasia esculenta)

Taro gehört vermutlich zu den ältesten Kulturpflanzen überhaupt. In Malaysia soll die Pflanze seit mehr als 7.000 Jahren kultiviert werden. Die Rhizome bestehen zu einem Drittel aus Kohlenhydraten, größtenteils Stärke, und zu zwei Dritteln aus Wasser. Taro ist vielseitig in der Küche einsetzbar. So lassen sich unter anderem sogar Chips aus Taro herstellen sowie Desserts, Kuchen, Eintöpfe, Currys, „Bratkartoffeln" oder Rösti zubereiten. Grundsätzlich lässt sich mit Taro alles herstellen, was auch aus Kartoffeln gemacht werden kann. In der veganen Küche gewinnt Taro ebenfalls immer mehr an Bedeutung. Neben Asien wird Taro größtenteils in Afrika angebaut. Taro gibt es in vielen unterschiedlichen Größen und Formen. Manche Variationen sind im rohen Zustand hochgiftig und müssen zunächst längere Zeit gekocht werden, bevor sie verzehrt werden können.

Tomate
Tomato / Makhuea Thet / มะเขือเทศ

(bot. Solanum lycopersicum)

Obwohl Tomaten auf jedem Markt zu finden sind, haben sie in der asiatischen Küche nicht den Stellenwert wie in westlichen Ländern. Es gibt so gut wie keine Gerichte, in denen Tomaten als Zutat dominieren. Oft werden Tomaten in Suppen wie Tom Kha Gai oder in Currys verwendet, aber auch in pfannengerührten Gerichten können sie zum Einsatz kommen. Der Einfluss westlicher Gäste in Thailand führt dazu, dass Tomaten mehr Bedeutung zuteil wird, als ursprünglich üblich. So findet man Tomaten ab und zu auch in Salaten, als Garnitur oder zu Nudelgerichten. Die klassischen italienischen Spaghetti mit Tomatensauce werden auch von thailändischen Kindern innig geliebt.

Verdrehte Blockbohne
Twisted cluster bean / Sator / สะตอ

(bot. Parkia speciosa)

andere Namen: Gestankbohne oder Petebohne

Die Verdrehte Blockbohne wächst an einem Baum, der bis zu 50 Meter hoch werden kann. Man findet ihn sehr oft in den subtropischen Dschungeln, in einer Höhe bis zu 1.000 Metern. Die Bohnen werden auf den Märkten in Büscheln oder schon geschält in etwas Wasser in Plastikbeuteln angeboten. Im zweiten Fall sollte unbedingt geprüft werden, ob sie noch frisch und nicht schon fermentiert sind. Auf den Tisch kommen diese Bohnen entweder roh mit einem Dip oder als Bestandteil von Currys oder pfannengerührten Gerichten.

Wasserkastanie
Water chestnut / Krachap / กระจับ

(bot.: Eleocharis dulcis)

Wasserkastanien haben ihren Namen wahrscheinlich ihrem maronenartigen Fruchtfleisch und ihrer Größe zu verdanken. Sie sind die Früchte einer Wasserpflanze und haben geschält ein weißes, nussartiges und knackiges Fruchtfleisch. Die in Europa nur in Dosen erhältlichen Früchte können wie Gemüse verwendet werden.

Wasserspinat
Water spinach morning glory / Pak Bung / ผักบุ้ง

(bot. Ipomoea aquatica)

Die großen Sorten des Wasserspinats werden meistens in Suppen oder gebraten verwendet. Kleinere Sorten werden auch roh mit Nam Phrik oder zu Som Tam gegessen. Beim Braten im Wok verhält es sich beim Wasserspinat genauso wie beim uns bekannten Blattspinat: Er fällt stark zusammen (Seite 114), was auch beim Einkauf berücksichtigt werden muss.

Weißkohl
White cabbage / Kar Ram Pe / กระหลำปลี

(bot. Brassica oleracea convar. *capitata* var. *alba)*

In der thailändischen Küche wird Weißkohl oft roh als Beilage serviert, zum Beispiel zu Salaten wie Som Tam oder Laab. Er findet aber auch gekocht in Suppen und Currys oder einfach nur roh oder gedünstet mit Naam Phrik Verwendung.

Yambohne
Yam bean / Mian Kial / มันแกว

(bot. Pachyrhizus erosus)

Der Name „Yambohne" ist irreführend, da die Wurzel der Pflanze gegessen wird. Der Geschmack erinnert etwas an Kohlrabi, mit einer leicht süßlicheren Note.

Nachdem die Wurzel geschält und gewaschen wurde, wird sie in den meisten Fällen gegessen wie ein Apfel. Großer Beliebtheit erfreut sie sich im Isaan, wo Yambohnenverkäufer überall die Straßen säumen.

Zuckerschote
Kefe / Tui Run Tour / ถั่ว-ลันเตา

(bot. Pisum sativum subsp. *sativum* convar. *axiphium)*

Zuckerschoten findet man auf den Märkten in Asien im Vergleich zu anderem Gemüse eher selten. Sie können dennoch vielseitig verwendet werden, etwa zu gebratenem Reis, Süß-Saurem oder einfach als Rohkostbeilage.

Zitronengras
Lemon grass / Takhrai / ตะไคร้

(bot. Cymbopogon citratus)

Viele behaupten, Zitronengras sei der Schlüssel des thailändischen Geschmacks. Und mit Sicherheit gehört Zitronengras zu den Zutaten, die die thailändische Küche so einzigartig machen. Man findet Zitronengras in Südostasien in fast jedem Garten. Tom Yam und viele Currygerichte sind ohne Zitronengras nicht denkbar.

Es gibt zwei verschiedene Arten von Zitronengras. Eine kennen wir als Gewürz in der Küche, das getrocknet, zu Pulver verarbeitet oder frisch verwendet werden kann. Es wird auch für Tee und Salate genutzt. Die andere hat rote Stengel und ist dünner. Sie wird zur Herstellung von Citronellaöl benötigt, um damit Seifen, Insektenschutzmittel und Kerzen zu produzieren, oder für die Aromatherapie genutzt.

Zitronengrastee

Lemon grass tea / Cha Takhrai / น้ำ ตะ ไครเ

Für den Tee die Zitronengrasstücke mit einem Messergriff oder besser noch dem Holzstößel eines Mörsers zerschmettern. Einen Liter Wasser zum Kochen bringen, vom Herd nehmen, das zerdrückte Zitronengras dazugeben und 10 Minuten ziehen lassen. Am besten den Sirup (s.u.) separat dazu servieren, dann kann sich jeder nach eigenem Geschmack seinen Tee süßen. Der Tee kann heiß und kalt getrunken werden.

Zutaten:

2 Stengel Zitronengras, in ca. 5 cm lange Stücke geschnitten

1 l Wasser

250 ml Wasser

5 Esslöffel Zucker

Zubereitung:

Die 250 ml Wasser erhitzen und den Zucker einrühren, damit ein Sirup entsteht.

Marktfrau schneidet für ihre Kunden Zitronengras klein

Zwiebel
Onion / Hou-hom-yai / หัวหอม-ใหญ่

(bot. Allium cepa)

Zwiebeln sind auf jedem asiatischen Markt zu finden, und es scheint fast so, als ob die Zwiebel die früher viel stärker vertretene Schalotte etwas vom Markt verdrängt. Die Zwiebel findet vielseitig Verwendung, so etwa bei gebratenem Reis, Pad Krapao, süß-sauren Gerichten und vielem mehr.

Schalotte
Shallot / Hom Daeng / หอมแดง

(bot. Allium ascalonicum)

Die kleinen roten Verwandten der Küchenzwiebel haben ein feineres, würzigeres Aroma und werden deshalb oft nur am Anfang der Zubereitung eines Gerichtes im Öl kurz angebraten, um diesem ihren Geschmack zu geben. Schalotten sind außerdem unverzichtbar bei den meisten Salaten, gedämpften Eiern, in den Würstchen aus dem Isaan oder für Pad Thai.

Frühlingszwiebel
Spring onion / Ton-hom / ต้น-หอม

(bot. Allium fistulosum)

Die kleinsten essbaren Vertreter der Gattung Lauch (auch Lauchzwiebel genannt) werden sehr oft einfach nur roh als Beilage serviert, finden sich aber auch als Garnitur bei Suppen, bei Süß-Saurem oder bei gebratenem Tofu mit Sojasprossen.

Zucker
Sugar / Nom Tran / น้ำตาล

Nach Brasilien, Indien und China ist Thailand der viertgrößte Zuckerrohrproduzent. Zuckerrohr (bot. *Saccharum officinarum*) wird in großen Teilen Thailands angebaut, und in manchen Teilen des Landes scheinen die Zuckerrohrfelder nie zu enden. Neben der Gewinnung von Zucker ist der Zuckerrohrsaft auch sehr beliebt bei der Herstellung von Getränken. Händler, die Zuckerrohr frisch pressen, findet man auf vielen Märkten des Landes. Herkömmlicher Zucker, der durch Kristallisation und Raffination gewonnen wird, ist hygroskopisch. Das bedeutet, dass er Luftfeuchtigkeit aufnimmt und leichter verklumpen kann. Deshalb wird in tropischen Regionen oft mit Alternativen wie Kokospalmzucker, Palmzucker, Honig etc. gesüßt.

Brauner Zucker

Brown sugar / Nom Tran Oil /
น้ำตาล-อ้อย

Brauner Zucker oder auch „Vollrohrzucker" schmeckt leicht nach Karamell. Er wird aus eingedicktem Zuckerrohrsaft hergestellt und nicht raffiniert. Dadurch gehen die im Zuckerrohr enthaltenen Vitamine und Mineralien nicht verloren. Er kann Raffinadezucker gut ersetzen und genauso gut zum Kochen und Backen verwendet werden.

Kokosnusszuckercreme

Coconut sugar creme / Nom Tran Purk
/ น้ำตาล-ปี๊ก

Wird viel für süß-saure Gerichte verwendet.

Weißer Zucker

White sugar, refined / Nom Tran Sind / น้ำตาล-ทราย

Normaler weißer Zucker wird in der Regel aus Zuckerrüben hergestellt. Durch die sogenannte Raffination erhält er seine weiße Farbe. Mehrere Reinigungsvorgänge zerstören aber leider auch Mineralien und Vitamine.

Brauner Zucker, unraffiniert

Brown sugar, unrefined / Nom Tran Sind Dang / น้ำ-ตาล-ทรายแดง

Der braune Zucker unterscheidet sich nur unwesentlich vom weißen Zucker. Es wird bei der Herstellung nur ein Schritt weggelassen (die Reinigung), womit Siruppreste erhalten bleiben, die für die braune Farbe sorgen. Geringe Anteile an Vitaminen und Mineralien bleiben ebenfalls erhalten.

Kandiszucker

Rock sugar / Nam Tran Kau / น้ำตาล-กรวด

Wird zum Süßen von Suppen verwendet.

Honig

Honey / Nam-pung / น้ำ ผึ้ง

Honig wird oft bei Nachtischen anstelle von Zucker verwendet.

Kokospalm-zuckerstücke

Coconut sugar chunk / Nom Tran Pef / น้ำตาล-ปึบ *und Palmzuckerstücke / Palm sugar chunk / Nom Tran Puk /* น้ำตาล-ปึก

Palmzucker wird überwiegend durch Anschneiden der reifen Blütenstände gewonnen. Der Blutungssaft wird aufgefangen. Nach dem Absieben von Verunreinigungen wird der Saft eingekocht und der Sirup in einem Wok weiter erhitzt, bis die Kristallisation einsetzt. Die noch heiße Masse wird dann in Bambusrohre oder Kokosnussschalen zum Auskühlen gepresst. Wird der Saft aus der Kokospalme gewonnen, spricht man von „Kokospalmzucker" und sonst von „Palmzucker". Palmzucker hat einen malzigen Geschmack.

Die Ausrüstung

Koreanischer Suppengrill
Barbeque Maker / Ka ta mou cran korie / หมู กระ ทะ

Essen ist in Thailand immer ein ge-
sellschaftliches Ereignis. Wenn man
in Thailand alleine in ein Restaurant
geht, kann es durchaus vorkommen,
dass man von Einheimischen schräg
angeschaut wird. In den Restaurants
Thailands gibt es jede Menge besonderes Equipment, um ein Essen zu einem
Event zu machen. Es ist auch nicht üblich, dass man für sich allein von der
Karte bestellt und isst, sondern es werden meistens verschiedene Speisen
geordert, und jeder nimmt von jedem
Gericht etwas. Moo Kata ist vor allem
ein geselliges Zusammensein, bei dem
gegrillt wird. Dazu benötigt man einen
Koreanischen Suppengrill, der es
möglich macht, gleichzeitig zu grillen
und Suppe zu kochen. In die Mitte des
Grills wird ein Stück Speck (Schweinebauch) gelegt, damit die Grillfläche
immer gut gefettet ist. Daneben kann
man Grillgut nach Wunsch auflegen.
In den Rand wird Suppenbrühe gefüllt, die mit Gemüse, Suppennudeln,
Shrimps, einem rohen Ei, Pilzen etc.
gemischt wird. Nun kann man - typisch Thai - abwechselnd Suppe und
Gegrilltes essen. Dazu gibt es Saucen
und Dips für das Grillgut und Gewürze wie getrocknete Chili für die Suppe.
Während des Essens füllt man immer
wieder Brühe nach und legt frisches
Grillgut auf. Da der Suppengrill mit
Grillkohle betrieben wird, eignet er
sich nur zur Verwendung im Freien.
Bezugsquellen finden Sie am Ende des
Buches.

Dampfgarer
Food steamer / Cris / ซึ้ง

Eine besonders schonende Zubereitungsform in Thailand ist das Dampfgaren, das in Ostasien bereits seit Jahrtausenden in speziellen Geräten praktiziert wird. Der Clou: Vitamine und Mineralstoffe bleiben dabei erhalten.

Mit Dampfgarern lassen sich unzählige Speisen zubereiten.

Klebreis etwa wird in einem geflochtenen Trichter auf einen speziellen

Topf platziert und dem heißen Wasserdampf ausgesetzt. Auf Bai Menglak (Zitronenbasilikum) gebetteter Fisch im Dampfgarer nimmt das Aroma des Basilikums auf. Köstlich sind auch Gerichte, bei denen beispielsweise Fischfleisch, Meeresfrüchte und verquirlte Eier gemischt, gewürzt und anschließend in einer Kokosnussschale schonend im Dampfgarer zubereitet werden.

Mörser und Stößel aus Granit

Granite mortar and pestle / Koll / ครก-สาก

Ein absolutes Muss bei den Utensilien in der thailändischen Küche ist ein schwerer Granitmörser. Im Mörser werden die frischen Kräuter und Gewürze zum Beispiel zu Currypasten verarbeitet, Cashewkerne zermahlen oder einfach nur Gewürze „geöffnet". Ein guter Mörser sollte mindestens zehn Kilogramm schwer sein; das erhöht die Standfestigkeit, und die Zutaten springen nicht so leicht heraus. Das Gewicht des Stößels sollte ebenfalls nicht zu gering sein, damit die

Aromen aus den Zutaten freigesetzt werden (Bezugsquellen am Ende des Buches). Eine Küchenmaschine kann den Mörser übrigens nicht ersetzen – der Geschmack wäre ein anderer, und hier soll ja authentisch Thai gekocht werden.

Eine Variante des massiven Steinmörsers besteht aus Ton und einem Holzstößel. Sie findet überwiegend für die Herstellung von Salaten Verwendung.

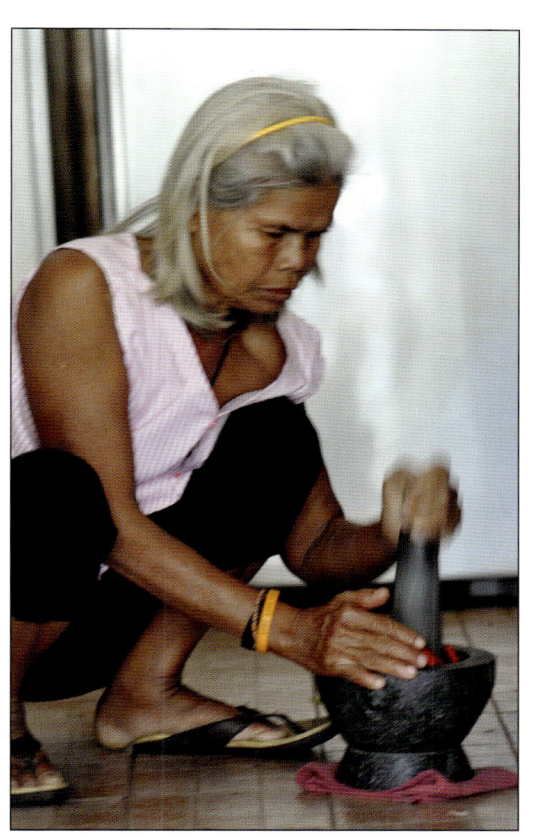

Ang Sila

ist ein kleiner Ort ca. 90 Kilometer östlich von Bangkok. Er ist weit über die Grenzen von Thailand hinaus berühmt für seine Steinmetzkunst. Hier werden unter anderem Mörser in allen Größen und Farben hergestellt – das perfekte Mitbringsel, wenn man gerne asiatisch kocht.

Elektrischer Reiskocher
Rice cooker / Mor Hou Kaor / หม้อ-หุง-ข้าว

Einen elektrischen Reiskocher findet man in so gut wie jedem Haushalt in Thailand. Er ist ein sehr hilfreiches Werkzeug, wenn man viel Reis isst. Qualitativ hochwertigere Geräte haben einen fest verschließbaren Deckel und sind wesentlich teurer. Man kann damit nicht nur Reis kochen und warm halten, sondern zum Beispiel auch Gemüse schonend dampfgaren.

Ein elektrischer Reiskocher schaltet automatisch von Kochen auf Warmhalten, wenn der Reis fertig ist.

Reis ohne elektrischen Reiskocher zuzubereiten, ist eine Wissenschaft für sich. Bei zu viel Wasser wird der Reis matschig, und bei zu wenig Wasser bleibt er hart und schwer verdaulich. Wie viel Wasser man braucht, ist von der Reissorte und dem Alter des Reises abhängig.

Reis im Reiskocher zubereiten:

Den Reis waschen, in den Reiskocher füllen und Wasser dazugeben. Für die richtige Wassermenge gibt es ein paar Faustregeln, so etwa, das Wasser bis zwei Zentimeter über den Reis aufzufüllen oder beides im Verhältnis 1:2 zu mischen (eine Tasse Reis, zwei Tassen Wasser). Frischer Jasminreis gelingt oft schon mit 1:1 perfekt. Es gehört also ein wenig Übung und Erfahrung dazu, Reis perfekt zu kochen! Wenn Sie Reis wie in Asien zubereiten möchten, geben Sie kein Salz oder andere Gewürze in den Reiskocher – gewürzt wird, wenn überhaupt, nach dem Kochen. Die Kochdauer liegt je nach Sorte und Menge zwischen 20 und 40 Minuten. Verwenden Sie immer Duft-, Jasmin-, Siam- oder Thai-Reis. Nur dann ist gewährleistet, dass Ihr Gericht authentisch schmeckt.

Klebreis zubereiten:

Wie bereits erwähnt, wird Klebreis überwiegend im Norden und Nordosten von Thailand gegessen. Den Klebreis gut waschen und über Nacht in Wasser einweichen. Am nächsten Tag das Einweichwasser abgießen und den Reis in einen Dampfgarer, geben – am besten gelingt er mit einem geflochtenen Dampfgarer (auch Laos Topf genannt), wie er hier auf dem Foto zu sehen ist. Der geflochtenen Dampfgarer, auf einen Topf mit Wasser setzen. Das Wasser zum Kochen bringen und den Reis ca. 20 Minuten mit geschlossenem Deckel dem heißen Dampf aussetzen. Der Reis klebt zusammen und kann nun gut mit den Fingern gegessen werden, indem man ihn zu kleinen Klumpen knetet und damit Sauce, Fleisch oder Gemüse aufnimmt. Übrigens wird Klebreis auch sehr oft zu Süßspeisen verarbeitet. Es gibt weißen und schwarzen Klebreis; häufig wird der Reis außerdem eingefärbt, zum Beispiel mit den Blüten der Clitoria terneata.

Wok
Wok / Gra Tha / กะทะ

Der Wok ist das zentrale Arbeitsgerät in der thailändischen Küche. Durch die Verteilung der Hitze (in der Mitte sehr heiß und am Rand warm) unterscheidet sich das Kochen mit dem Wok wesentlich von europäischen Techniken mit flachen Pfannen. Man nennt die Technik „pfannengerührt". Bei Platten-, Ceran- und Induktionsherden braucht man logischerweise einen Wok mit flachem Boden, womit sich auch die Wärmeverteilung ändert. Alle Versuche, die ich in Europa beim Kochen mit dem Wok gemacht habe, haben mich zu dem Schluss gebracht: Kocht man mit einem klassischen Wok, dann ist ein Gasherd dringend erforderlich. Alles andere sind nur schlechte Alternativen. Ich hatte jahrelang einen alten Holzküchenherd, bei dem man die Ringe auf der Kochfläche herausnehmen konnte. Auch da funktionierte das Kochen mit einem klassischen Wok hervorragend. Wenn kein Gasherd oder alter Holzherd zur Verfügung steht, kann man aber auch genauso gut eine hohe Pfanne nehmen. Mittlerweile gibt es zudem von verschiedenen Herstellern Gasgrills, die als Kochstelle für einen Wok umgerüstet werden können. Auch dies ist eine perfekte Lösung, allerdings nur für Balkon oder Garten. Mit elektrischen Woks konnte ich leider keine guten Erfahrungen machen, da sie die erforderliche Hitze nicht erreicht haben.

Man kann bereits fertig gegarte Zutaten an den Rand schieben und Gemüse, das bissfest bleiben muss, in die kühlere Zone schieben, um ein Weitergaren zu verhindern. Es ist nichts schlimmer in der asiatischen Küche als verkochte Zutaten.

Woks sind für fast alles geeignet: Currys, Pfannengerichte, Nudelgerichte, zum Frittieren und Dämpfen.

Schneidbrett und Messer
Cutting board and knife / Med & Kern / มีด,เขียง

Zur Ausrüstung gehört natürlich auch ein Sortiment guter Küchenmesser.

Ein Küchenbeil, wie es in Asien oft verwendet wird, ist in westlichen Ländern fast überflüssig, da selten ganze Hühner etc. zerteilt werden müssen und die Ware meistens schon zerlegt eingekauft wird. Auf Seite 89 habe ich einige Begrifflichkeiten der Vorbereitung von Zutaten mit dem Messer visualisiert.

Aranyik

Thailand ist nicht nur für Kleidung und Souvenirs ein Einkaufsparadies, auch qualitativ hochwertige Messer bekommt man hier sehr günstig. Wer etwa die Ruinen von Ayutthaya besichtigen möchte, sollte unbedingt Aranyik, ein kleines Dorf am Rande von Ayutthaya, das durch seine Schmiedekunst in ganz Asien bekannt ist, in seine Tour mit einplanen. Hier kann man nicht nur handgeschmiedete Messer direkt vom Hersteller kaufen, sondern auch noch die Herstellung selbst besichtigen. Ein wirklich beindruckendes Erlebnis, wenn man gute Küchenmesser schätzt.

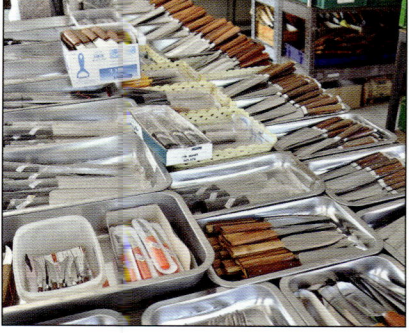

In Stifte geschnitten

In ovale Scheiben geschnitten

In ca. 5 cm große Stücke geschnitten,
halbiert und geviertelt

Fein zerhackt

Zu einer Zigarre gerollt und in Scheiben geschnitten

In runde Scheiben geschnitten

In kleine Würfel geschnitten

Geviertelt

Die Rezepte

Abmessungen

1 Esslöffel	= 1 tbsp	= 15 ml	1 ml (Milliliter)	= 1 ccm	= 1/1000 l
½ Esslöffel	= ½ tbsp	= 7,5 ml	1 cl (Zentiliter)	= 10 ccm	= 1/100 l
1 Teelöffel	= 1 tsp	= 5 ml	1 dl (Deziliter)	= 100 ccm	= 1/10 l
½ Teelöffel	= ½ tsp	= 2,5 ml			
¼ Teelöffel	= ¼ tsp	= 1,25 ml			
1 Tasse	= 1 cup	= 250 ml			
½ Tasse	= ½ cup	= 125 ml			
⅓ Tasse	= ⅓ cup	= 80 ml			
¼ Tasse	= ¼ cup	= 60 ml			

* ccm= Kubikzentimeter

1 l	= 1000 ml	= 100 cl	= 10 dl
¾ l	= 750 ml	= 75 cl	= 7,5 dl
½ l	= 500 ml	= 50 cl	= 5 dl
3/8 l	= 375 ml	= 37,5 cl	= 3,75 dl
⅓ l	= 333 ml	= 33,3 cl	= 3,33 dl
¼ l	= 250 ml	= 25 cl	= 2,5 dl
⅛ l	= 125 ml	= 12,5 cl	= 1,25 dl
1/10 l	= 100 ml	= 10 cl	= 1 dl
1 Schnapsglas	= 20 ml	= 2 cl	

Traditionelle thailändische Gewichtsmaße:

1 Chang (1.200 g)	= 20 Tum-lueng
1 Tum-lueng (60 g)	= 4 Baht
1 Baht (15 g)	= 4 Salueng
1 Salueng (3,75 g)	= 2 Feung
1 Feung (1,875 g)	= 4 Pai
1 Pai (0,468 g)	= 2 Utt

Reispapier-Plätzchen

Rice paper cookies / Kuk Ka Bant / กุ้ง-กระเบื้อง

Zutaten:

500 g mittelgroße rohe Garnelen (komplette Tiere)

150 g gemischtes Hackfleisch

2 Esslöffel helle Sojasauce

½ Teelöffel schwarzer Pfeffer aus der Mühle

1 Esslöffel Speisestärke

50 g ungesalzene Cashewkerne

2 Stengel frischer Koriander (komplett mit Wurzeln)

8 Reispapierblätter (ca. 20 x 20 cm)

4 Esslöffel Sesamsamen

1 Eiweiß

½ l neutrales Pflanzenöl

Als Dip: süß-sauer-scharfe Rettichsauce

Zutaten:

50 g Rettich

¼ l Wasser

½ rote Paprikaschote

1 Knoblauchzehe

2 frische rote thailändische Chilischoten

10 Esslöffel Reisessig

10 Esslöffel Zucker

Dies ist eine perfekte Vorspeise, wenn man für Gäste asiatisch kochen möchte. Ich habe diese Vorspeise an Weihnachten 2011 zum ersten Mal gegessen. Nok, eine thailändische Köchin aus einer Familie mit einer langen Kochtradition (ihr Vater und der Großvater waren ebenfalls Köche) hat mir dieses Rezept verraten. Die pikanten Plätzchen eignen sich auch als Zwischenmahlzeit.

Die Zubereitung klingt kompliziert, ist jedoch sehr einfach und schnell erledigt.

Tipp:

Verwenden Sie die übrig gebliebenen Garnelenköpfe, Paprikareste etc., um eine Suppenbrühe herzustellen.

Zubereitung:

Für die Sauce eine halbe Paprikaschote vom Stielansatz und den Kernen befreien und waschen. Knoblauchzehe schälen, Chilischoten von Stielen befreien und waschen. Alles im Mörser zerstoßen, bis ein richtiges Mus entstanden ist, und anschließend in einen Topf geben. Mit ¼ Liter Wasser, dem Essig und Zucker auffüllen. Die Mischung bei mittlerer Hitze und geöffnetem Deckel 30 Minuten köcheln lassen, bis eine leicht sämige Konsistenz entstanden ist. Abkühlen lassen. Rettich waschen, in ca. 2 Millimeter dicke Scheiben und dann in feine Stifte schneiden. Anschließend mit der abgekühlten Sauce vermischen.

Bei den Garnelen den Kopf und das Schwanzende abschneiden, schälen, einschneiden und den Darm entfernen, waschen und fein hacken. Mit dem Hackfleisch, dem Pfeffer, der Sojasauce und der Speisestärke zu einem Teig gut verkneten. Cashewkerne im Mörser grob hacken. Koriander waschen, trockenschütteln und komplett mit Wurzeln kleinhacken. 4 Reispapierblätter auf einer Arbeitsfläche auslegen. Den Garnelen-Hackfleisch-Teig darauf verteilen und ausstreichen. Am Rand sollten 1 bis 2 Zentimeter frei bleiben. Die gehackten Cashewkerne, den Koriander und die Sesamsamen darüber streuen. Mit einem zweiten Reispapier zudecken, die Ränder mit Eiweiß bestreichen und verkleben. Öl in einer Pfanne bei mittlerer Stufe erwärmen, mit einem Pfannenheber die gefüllten Reispapier-Plätzchen einzeln hineingeben und von jeder Seite goldbraun ausbacken. Anschließend auf einem Rost entfetten. Danach achteln und mit der Rettichsauce servieren. Die Achtel kann man auch sehr schön auf Salatblättern anrichten und mit Ananasstücken garnieren.

Gedämpfte Eier (mit Schalotten)

Steamed eggs (and shallots) / Kai Toon (Hom Dang) / ไข่ ตุ๋น

Dieses Gericht wird oft als Beilage serviert. Es befindet sich in kleinen Schälchen.

Im Prinzip werden sämtliche Zutaten in einer Schüssel verrührt, in kleine Schalen abgefüllt und diese in den Dampfgarer gestellt. Dort stockt die Flüssigkeit, so kann man sie später gut mit dem Löffel essen.

Bei den Zutaten eignen sich auch viele andere Gemüse- und Gewürzsorten, zum Beispiel frittierter Knoblauch.

Die Zutat „Fischknödelchen" gibt es übrigens im gut sortierten Asiashop fertig zu kaufen. Vor der Weiterverarbeitung bitte erst einmal kochen. Man kann sie allerdings auch selbst herstellen. Das geht sehr schnell und einfach, indem man Fischfleisch kleinhackt, mit Mehl mischt und zu kleinen Knödelchen formt. Alternativ können auch kleine Bällchen aus Hackfleisch geformt und kurz angebraten werden.

Zutaten:

3 große Hühnereier

200 g Fischknödelchen

3 klein geschnittene Schalotten

2 Teelöffel Fischsauce

1 Teelöffel gemahlener weißer Pfeffer

4 Esslöffel Wasser

1 Esslöffel fein gehackter frischer Koriander

Zubereitung:

Wasser im Dampfgarer zum Kochen bringen. Alle Zutaten in einer Schüssel mischen, auf vier kleine, hitzefeste Schüsselchen verteilen und in den obersten Teil des Dampfgarers stellen (geht auch mit manchen Reiskochern). 12 bis 15 Minuten dem heißen Dampf aussetzen. Ob die Zutaten gar sind, lässt sich mit einer Gabel ermitteln: hineinstechen und beim Herausziehen überprüfen, ob sich noch Flüssigkeit an der Gabel befindet. Wenn nicht, sind die gedämpften Eier gar.

Frühlingsrollen

Spring rolls / Paw Pia Thawt / ปอเปี๊ยะทอด

Frühlingsrollen sind der Klassiker unter den asiatischen Vorspeisen. Bei der Füllung kann jeder seiner Fantasie freien Lauf lassen. Sie eignen sich überdies hervorragend als leichte Zwischenmahlzeit zu Hause oder bei Festen.

Zutaten:

Hier sind bewusst keine Mengen angegeben, da Sie Ihren persönlichen Vorlieben ganz entsprechen können. Auch weitere Zutaten wie Tofu sind denkbar. Fantasie erhöht das Geschmackserlebnis!

Öl

Hühnerfleisch

Pfeffer

brauner Zucker

helle Sojasauce

Koriander

Chinakohl

Glasnudeln

Möhren

Sojasprossen

Frühlingsrollenteig

1 Eigelb

Zubereitung:

Die Glasnudeln in warmem Wasser einweichen, das Hühnerfleisch klein- hacken, Öl im Wok erhitzen, Chi- nakohl kleinschneiden, Möhren in feine Stifte schneiden, Sojasprossen waschen und gut abtropfen lassen.

Das Fleisch in den Wok geben und gut durchbraten. Mit Pfeffer, braunem Zu- cker und heller Sojasauce würzen.

Die Glasnudeln gut abtropfen lassen. Chinakohl, Möhren und Sojapros- sen zum Fleisch geben und alles unter kleiner Hitze gut mischen. Am Schluss noch die Glasnudeln und den klein- geschnittenen Koriander unterheben und alles in eine Schüssel füllen.

Ein Eigelb in ein Schüsselchen geben. Den Frühlingsrollenteig in der Mitte mit einem großen Löffel mit der Fül- lung belegen und zusammenrollen. Die Finger mit Eigelb benetzen, die Ecken damit bestreichen, einklappen und zusammenkleben.

Reichlich Öl im Wok erhitzen und die Frühlingsrollen frittieren. Auf einem Sieb abtropfen lassen, anrichten und mit Pflaumensauce, Chilisauce, Fisch- sauce mit Chili etc. als Dip servieren.

Gebratener Reis mit Huhn

Fried rice with chicken / Khao Pad Gai / ข้าว ผัด ไก่

Reis kann mit vielen Zutaten gebraten werden. Es ist das perfekte schnelle Essen. In der Regel wird gekochter Reis vom Vortag verwendet.

Khao Pad Gai zählt zu den bekanntesten Gerichten Thailands, was sicherlich auch mit der extrem einfachen Zubereitung zu tun hat.

Zutaten:

für 1 Person:

2 - 3 Esslöffel Pflanzenöl

1 Teelöffel im Mörser zerstoßener Knoblauch

1 - 2 Tassen gekochter Reis

½ Tasse gebratene Cashewkerne

150 g Hühnchenfleisch, Shrimps oder Schweinefleisch

1 Ei

½ Zwiebel, geviertelt

dazu je nach Wunsch ein Mix aus zerkleinerten Tomaten, Pilzen, Mais, Brokkoli, Grünkohl, Weißkohl, Spargel oder anderem Gemüse

Gewürze

2 - 3 Teelöffel Zucker

2 - 3 Teelöffel helle Sojasauce

½ Teelöffel Salz

Zubereitung:

Den Knoblauch im Öl bei mittlerer Hitze anbraten, bis er leicht braun gefärbt ist. Das Fleisch ebenfalls kurz anbraten, das Gemüse dazugeben und alles zusammen kurz braten.

Anschließend das Gemüse an die Seite des Woks schieben. Nun das Ei in den Wok geben, und wenn es fast durch ist, den Reis mit dem Ei vermischen.

Danach das Fleisch, das Gemüse sowie die Cashewkerne unter ständigem Bewegen ebenfalls untermischen.

Mit Zucker, Salz und Sojasauce abschmecken. Mit Frühlingszwiebeln oder Koriander und Limonenvierteln garnieren und servieren. Dazu passt perfekt Fischsauce mit Chili (Phrik Naam Plaa - Seite 42).

Gebratener Reis mit chinesischen Oliven

Fried rice with Chinese olives / Khao Pad Nam Leab
/ ข้าวผัด หนำเหลี๊ยบ

Zutaten:

für 1 Person:

3 - 4 chinesische Oliven aus der Dose

½ Zwiebel

2 kleine Mohren

150 g Fleisch

Reis vom Vortag

Schnittknoblauch

3 Esslöffel Öl zum Erhitzen

3 - 4 Knoblauchzehen

Austernsauce

helle Sojasauce

Zucker

Salz

Ein Rezept, das etwas Abwechslung in die thailändische Küche bringt. Dafür sorgt allein schon der Geschmack der chinesischen Oliven! Da Thailand sie aus China importieren muss, machen sie dieses Gericht etwas teurer. Deshalb findet man es eher selten auf den Speisekarten des Landes.

Die Oliven kann man geschmacklich nicht mit den uns bekannten mediterranen Oliven vergleichen. Doch da die chinesischen Oliven nicht in jedem Asiashop zu bekommen sind, sind bei diesem Rezept als Ersatz die mediterranen Oliven möglich. Serviert wird mit Fischsauce, Limette und Chilis.

In Thailand sind frische chinesische Oliven nur in Bangkoks Chinatown zu finden. In Dosen sind sie allerdings im ganzen Land erhältlich.

Zubereitung:

Etwas Öl in einem Wok erhitzen. Die kleingeschnittene Zwiebel und den Knoblauch dazugeben und leicht anrösten. Die Oliven dazugeben und so lange rühren, bis sie zerfallen und sich das Fruchtfleisch von den Kernen löst. Die Kerne herausfischen, das Fleisch dazugeben und unter ständigem Rühren gut durchbraten. Die Möhren hinzufügen, alles gut mischen, mit heller Sojasauce, Austernsauce, etwas Salz und Zucker abschmecken, den Reis vom Vortag untermischen und alles noch ein paar Minuten unter ständigem Rühren anbraten. Am Schluss den kleingeschnittenen Schnittknoblauch untermischen und auf Tellern anrichten. Mit ein paar Korinanderblättern garnieren.

Wie man Tofu macht

How to make tofu / Vitikarntom Dtor Hu /
วิธีการทำ เต้า หู้

Zutaten:

250 g Sojabohnen

1 Liter Wasser

1 Esslöffel Magnesiumchlorid (aus der Apotheke)

5 Esslöffel Wasser

1 Esslöffel Limettensaft

Zubehör:

Tofu-Pressform

Tuch

Tofu hat einen regelrechten Siegeszug in europäische Küchen vollzogen. Mittlerweile führt jeder gut sortierte Lebensmittelhändler dieses Sojaerzeugnis – oft sogar in verschiedenen Variationen. Trotz dieser großen Auswahl lohnt es sich, Tofu selbst herzustellen. Der Grund: Frischer Tofu schmeckt besonders gut. Darüber hinaus bestimmt man selbst die Quelle der Sojabohnen (empfehlenswert: Bio-Qualität und damit frei von Genmanipulation). Ich verwende die Sorte „Amandine". Sie wird in Bayern auf dem Familienbetrieb von Michael Lechner angebaut.

Die Küchenhelfer, die man für die eigene Tofuherstellung benötigt, sind überschaubar – und es macht riesigen Spaß! Statt einer Tofu-Pressform können auch zwei kleine Plastikkörbe oder eine Kartoffelpresse verwendet werden. Allerdings sollten genügend Löcher vorhanden sein, damit die Molke abfließen kann.

Zubereitung:

Sojabohnen 6 bis 8 Stunden in Wasser einweichen (nicht länger, da sonst zu viele Inhaltsstoffe ausgewaschen werden). Die Sojabohnen dreimal waschen und dabei die Bohnen zwischen den Händen mit leichtem Druck reiben, damit sich die Hülsen von der Frucht lösen. Die Hülsen abschöpfen.

Anschließend die Bohnen mit 1 Liter Wasser im Mixer fein pürieren. Das Püree mit Hilfe eines Tuches auspressen. Dadurch erhält man die Sojamilch. Sie kann nach 5-minütigem Kochen auch getrunken werden!

Magnesiumchlorid, Wasser und Limettensaft mischen und 5 bis 10 Minuten ziehen lassen. Diese Flüssigkeit wird als Gerinnungsmittel benötigt.

Die Sojamilch nun erhitzen und 5 Minuten köcheln lassen. Anschließend die Hitze reduzieren und das Gerinnungsmittel unterrühren. Unter ständigem Rühren beginnen nun die Eiweißbestandteile auszuflocken. Die Flocken mit einer Siebkelle abschöpfen und auf das Tuch legen. Mit Hilfe des Tuches die Flocken anschließend in die Pressform geben (je fester Sie den Tofu pressen, desto schnittfester wird er).

Nach 10 bis 15 Minuten in der Form ist der Tofu fertig und kann in einem geschlossenen Behälter im Kühlschrank ca. eine Woche aufbewahrt werden. Älteren Tofu vor der Verwendung bitte kurz in etwas Salzwasser aufkochen.

Gebratener Tofu mit Sojasprossen

Fried tofu with bean sprouts / Tao Hoo Pal Tour Khoup / เต้าหู้ผัดถั่วงอก

In Asien gibt es Geschäftsideen, die uns Europäer inspirieren können. Beispiel: Wenn man durch die Märkte Asiens schlendert, findet man sehr oft fertig zusammengestellte und vorbereitete Zutaten für ein bestimmtes Gericht. Man braucht dann meist nur etwas Öl zum Anbraten und ein paar Gewürze, fertig ist die frisch zubereitete Mahlzeit.

Zutaten:

für 1 Person:

Tofu

1 Möhre

Sojasprossen

1 Frühlingszwiebel

Thai-Sellerie

Öl zum Anbraten

zum Würzen:

Austernsauce

helle Sojasauce

eine Prise Zucker

Salz

frisch gemahlener schwarzer Pfeffer

Zubereitung:

Frühlingszwiebel waschen und in ca. 3 Zentimeter lange Stücke schneiden. Thai-Sellerie waschen und ebenfalls in 3 Zentimeter große Stücke schneiden. Die Mohrrübe waschen und in Stifte schneiden. Sojasprossen waschen und gut abtropfen lassen. Tofu in Würfel schneiden.

Reichlich Öl in einem Wok erhitzen und den Tofu frittieren, bis er eine leicht braune Kruste bekommt. An-schließend gut abtropfen lassen.

Etwas Öl bei mittlerer Stufe im Wok erhitzen. Nacheinander die Möhren-stifte, Frühlingszwiebel, Soja-sprossen und den Tofu untermischen und unter ständigem Rühren leicht anbraten. Mit Austernsauce, heller Sojasauce, einer Prise Zucker, einer Prise Salz und etwas frisch gemahlenem Pfeffer würzen und auf Tellern anrichten.

Gebratene breite Reisnudeln in Sojasauce mit Shrimps

Fried rice noodles in dark soy sauce with shrimps / Pad Zi-iu / ผัดซีอิ๊ว

Zutaten:

für 1 - 2 Personen:

1 Esslöffel helle Sojasauce

1 Esslöffel dunkle Sojasauce

2 Knoblauchzehen, klein zerhackt

450 g breite Reisnudeln „Guai dtiao sen yai" („sen yai" heißt „breite Streifen")

450 g chinesischer Brokkoli (Kai-lan), in 5-cm-Stücke geschnitten. Falls die einzelnen Stücke zu dick sind, dann bitte halbieren, damit sie schneller garen.

Möhren und Babymais nach Belieben

1 Ei

½ Tasse klein geschnittenes Schweinefleisch, Huhn, Rind, Shrimps oder gemischte Meeresfrüchte

1 Esslöffel brauner Zucker

etwas gemahlener Pfeffer

2 Esslöffel Öl zum Braten

Dieses Gericht heißt wörtlich übersetzt „Gebratenes (mit) Sojasauce". Es ist sehr stark von der chinesischen Küche beeinflusst. Beliebt ist es nicht nur in Thailand und Laos, sondern auch in vielen thailändischen Restaurants rund um den Globus. Pad Zi-iu wird normalerweise so lange gebraten, bis die Sauce auf ein Minimum reduziert ist. Ein ähnliches Gericht, Rat-na, wird mit viel Sauce und etwas weniger Gewürzen zubereitet und serviert.

Zubereitung:

Falls die frischen breiten Reisnudeln zu lang sind, kann man sie in 7 bis 10 Zentimeter lange Streifen kürzen. Die Nudeln kochen. Das Öl im Wok erhitzen und den Knoblauch frittieren. Danach das Fleisch hinzugeben. Kurz bevor das Fleisch gar ist, die Reisnudeln dazugeben und alles gut mischen. Anschließend die helle und dunkle Sojasauce, Pfeffer und den Zucker untermischen. Die Hitzezufuhr reduzieren und in der Mitte des Woks einen Platz freischieben. Dort das Ei hineingeben, verrühren und mit den Nudeln mischen. Den Kai-lan (Brokkoli) untermischen und unter ständigem Rühren alles gut durchbraten. Solange der Brokkoli noch Biss hat, den Wok von der Flamme nehmen und alles auf Tellern anrichten. Wenn chinesischer Brokkoli schwer aufzutreiben ist, kann er auch durch normalen Brokkoli oder Kohl ersetzt werden.

Für die vegetarische Variante einfach das Fleisch durch Tofu ersetzen. Serviert wird mit Fischsauce, getrockneten Chilis, Reisessig und Zucker.

Knuspriges Thai-Schweinefleisch

Thai crispy pork / Moo Ghob / หมูกรอบ

Die Zubereitung von knusprigem Schweinefleisch sollte vier bis fünf Tage vorher vorbereitet werden.

Zutaten:

ca. 1 kg Schweinebauch

1 Prise Salz

1 Prise Zucker

3 Esslöffel helle Sojasauce

3 Esslöffel Reisessig

5 Teelöffel Salz

Palmöl zum Frittieren

Zubereitung:

Salz, Zucker und Sojasauce zu einer Marinade verrühren. Das Schweinefleisch waschen und für 2 Tage in die Marinade legen (im Kühlschrank aufbewahren).

Nach den 2 Tagen das Fleisch aus der Marinade nehmen und 30 Minuten kochen.

Abkühlen lassen. Mit einer Gabel die Haut einstechen und das Fleisch in 2 bis 3 Zentimeter breite Streifen – entlang der Fasern – einschneiden. Danach mit dem Essig und Salz einreiben und weitere 48 Stunden im Kühlschrank ruhen lassen. Nach den 48 Stunden das Salz abwischen und das Fleisch im Öl frittieren, bis die Haut Blasen wirft (ca. 15 bis 20 Minuten). Das Fleisch auf einem Sieb abtropfen lassen und in kleine Stücke schneiden.

Gebratener Kai-lan mit knusprigem Schweinefleisch

Fried Chinese kale with crispy pork / Pad Khanaa Moo Ghob / ผัดคะน้าหมูกรอบ

Das knusprige Schweinefleisch „Moo Ghob" (S. 110) ist vielseitig einsetzbar. Zusammen mit frischem Gemüse, wie hier mit chinesischem Brokkoli, wird dieses Gericht zu einer sehr herzhaften Speise.

Zutaten:

für 1 Person:

3 Esslöffel Öl

3 - 5 Knoblauchzehen, klein und im Mörser zerstoßen

2 - 3 Chilischoten, klein und im Mörser zerstoßen

eine Handvoll kleingeschnittener chinesischer Brokkoli (Kai-lan)

Babymais, in kleine Stücke geschnitten

knuspriges Schweinefleisch

Pfeffer

Austernsauce

gekochter Duftreis

Zubereitung:

Das Öl im Wok erhitzen. Knoblauch und Chili dazu geben, so dass das Öl im Grunde gewürzt wird. Brokkoli, Babymais und Schweinefleisch dazugeben und alles unter ständigem Rühren gut durchbraten. Mit Austernsauce und gemahlenem Pfeffer würzen und auf einem Reisbett anrichten.

Gebratener Wasserspinat mit knusprigem Schweinefleisch

Fried morning glory with crispy pork / Pad Pak Bung
Moo Ghob / ผัด ผักบุ้ง หมูกรอบ

Zutaten:

für 1 Person:

5 - 6 kleine Knoblauchzehen

3 - 4 kleine rote Chilis

Öl zum Erhitzen

*Wasserspinat „Pak Bung"
(Menge: 1 voller Wok)*

knuspriges Schweinefleisch „Moo Goob" (Seite 110), in Scheiben geschnitten

Austernsauce

eine Prise Zucker

Der Spinat „Pak Bung" kann in vielen Gerichten wie Suppen, Currys oder wie hier im Wok verwendet werden. Wobei der Spinat nicht „gebraten", sondern unter ständigem Rühren dazu gebracht wird, dass er zusammenfällt (die Spinatmenge reduziert sich dadurch extrem, daher genügend einplanen!). Der leichte Spinat und das deftige knusprige Schweinefleisch gehen bei diesem Gericht eine perfekte Verbindung ein.

Zubereitung:

Wasserspinat waschen, gut abtropfen lassen und kleinschneiden. Knoblauchzehen und Chili im Mörser zerstoßen.

Öl im Wok erhitzen. Knoblauch-Chili-Mischung im Öl schwenken, bis der Knoblauch leicht braun wird. Den Wasserspinat dazugeben und so lange schwenken, bis der Spinat zusammengefallen ist.

Schweinefleisch hinzugeben und mit Austernsauce und einer Prise Zucker abschmecken. Alles gut mischen und noch 2 bis 3 Minuten im Wok schwenken. Auf einem Teller anrichten.

Gebratenes Huhn mit Knoblauch und Pfeffer

Fried chicken with garlic and pepper / Pad Gai Kratiam / ไก่ ทอด กระเทียม พริกไทย

Ein sehr schnell zubereitetes Gericht, das, wenn man gerne Knoblauch isst, auch noch hervorragend schmeckt!

Zutaten:

für 1 Person:

5 - 6 Knoblauchzehen, klein gehackt

½ Teelöffel gemahlener Pfeffer aus der Mühle

1 Teelöffel brauner Zucker

Schweine- oder Hühnerfleisch (klein geschnitten), auch Shrimps oder Tintenfisch sind möglich

reichlich Öl zum Anbraten

ein Salatblatt zum Garnieren

Zubereitung:

Knoblauch, Pfeffer und Zucker in einer Schüssel mischen und das klein-geschnittene Fleisch unterheben.

Öl im Wok bei mittlerer Stufe erhitzen. Das Fleisch dazugeben und gut durchbraten. Anschließend durch ein Sieb gießen, um das Öl aufzufangen (es kann weiterverwendet werden) und das Fleisch gut abtropfen zu lassen. Auf einem Teller anrichten.

Hackfleisch mit scharfem Basilikum

Fried hot basil leaves / Pad Krapao / ผัดกะเพรา

Zutaten:

für 1 Person:

100 g Hühner-, Schweine- oder Rindfleisch (Meeresfrüchte sind ebenfalls möglich), zerhackt oder klein geschnitten

1 Tasse Bai-Krapao-Basilikumblätter (nicht schneiden, nur mit den Fingern zerreißen)

3 Knoblauchzehen, grob zerstoßen

4 - 5 grüne oder rote „Bird Eye"-Chilis, grob zerstoßen

Gemüse nach Belieben (z.B. Schlangenbohnen, Karotten, Babymais, Zwiebeln, Brokkoli, Pilze)

1 Teelöffel Austernsauce

2 - 3 Teelöffel Fischsauce

1 Prise Zucker

2 - 3 Esslöffel Pflanzenöl

Es gibt unzählige Variationen dieses Gerichtes und scheinbar auch genauso viele Schreibweisen: Pad Kaprao, Pad Krapao, Pad Grapao, Phat Graphao, Pat Krapow usw.

Pad Krapao gehört bei den Thais zu den beliebtesten Gerichten überhaupt. Es wird meistens zu Reis und einem Spiegelei gegessen. Es ist schnell zubereitet und vereint alles, was die Thais so lieben. Es ist u.a. mit Chili, Knoblauch und den ebenfalls scharfen Bai-Krapao-Blättern, jener Basilikumart, die in ganz Asien weit verbreitet ist und fast überall wild wächst, gewürzt.

Auch bei diesem Gericht ist die besondere Basilikumsorte durch keine andere Art zu ersetzten – in vielen Rezepten steht oft nur „Thai-Basilikum", aber da es verschiedene Sorten gibt, mit stark unterschiedlichem Geschmack, kann man auch hier viel falsch machen.

Der Basilikum „Bai Krapao" in diesem Rezept kann folgerichtig auch durch den uns bekannten Basilikum nicht ersetzt werden, denn das Gericht würde damit völlig anders schmecken.

Zubereitung:

Das Öl in einen Wok geben und bei mittlerer Stufe erhitzen. Knoblauch und Chilis dazu geben (Achtung: Der Dampf kann unangenehme Reaktionen im Gesicht – besonders in den Augen – hervorrufen).

Anschließend das Fleisch untermischen. Wenn es durch ist, das Gemüse dazugeben, mit Fischsauce, Austernsauce und Zucker abschmecken. Ganz am Schluss die Basilikumblätter unterheben und servieren.

Pad Thai

Pad Thai / Pad Thai / ผัดไทย

Pad Thai ist eines der bekanntesten Gerichte aus dem Land am Golf von Siam. Die süß-saure Pad-Thai-Sauce harmoniert hervorragend mit den Reisnudeln, dem frischen Limonensaft und den Erdnüssen. Der Geschmack ist faszinierend und die Konsistenz einzigartig. Aufgrund der Beliebtheit wird Pad Thai in den zahlreichen Garküchen aller Touristenplätze angeboten. Thailandreisende kennen es in der Regel, und nun erfahren Sie, wie Sie es auch selbst zu Hause zubereiten können!

Zutaten:

für 1 Person:

3 - 4 Esslöffel Pflanzenöl

2 - 3 Esslöffel gewürfelte Schalotten

2 Esslöffel gewürfelter Tofu

2 Teelöffel getrocknete und im Mörser zerstoßene Shrimps

2 Esslöffel eingelegter Rettich

1 Esslöffel im Mörser zerdrückte Erdnüsse

frische Shrimps oder Hühnchen-fleisch

1 Ei

Chilipulver

½ Tasse Schnittknoblauch

½ Tasse Sojasprossen

1 Limette

1 Reisschale vorgekochte Nudeln nach Wahl

für die Pad-Thai-Sauce:

⅓ Tasse Palmzucker

3 Esslöffel Fischsauce

3 Esslöffel Tamarindensaft oder Tamarindensauce

2 Esslöffel Chilisauce

Zubereitung:

Das Öl erhitzen und die Schalotten goldgelb anbraten. Tofu, getrocknete Shrimps und den eingelegten Rettich dazugeben. Frische Shrimps oder Hühnchenfleisch untermischen und gut durchbraten.

Die Zutaten zur Seite schieben und in die Mitte ein aufgeschlagenes Ei geben. Kurz bevor es durch ist, mit den anderen Zutaten mischen. Die vorgekochten Nudeln dazugeben und alles mischen. Mit 3 bis 5 Esslöffeln Pad-Thai-Sauce abschmecken. Etwas Chilipulver, den Schnittknoblauch und die Sojasprossen untermischen. Serviert wird mit einem Stück Limette und den zerdrückten Erdnüssen.

Die Bilder zeigen übrigens einen typischen Pad-Thai-Stand in den Straßen von Bangkok!

Betrunkene Nudeln

Drunken noodles / Pad Kee Mao / ผัดขี้เมา

Zutaten:

für 1 Person:

Öl zum Erhitzen

250 g Fleisch (Schwein, Huhn oder Rind)

250 g Duftreis oder Nudeln nach Wahl

1 Teelöffel Zucker

gemahlener Pfeffer

1 Prise Salz

1 Esslöffel dunkle Sojasauce

1 - 2 Esslöffel helle Sojasauce

1 - 2 Esslöffel Austernsauce

etwas Hühnerbrühe

1 Esslöffel Knoblauch-Chili-Paste

1 - 2 Babymaiskolben

1 Stängel Zitronengras

8 frische grüne Chilis

2 Schalotten

frischer grüner Pfeffer

Gemüse nach Wahl (z.B. Bohnen, Zuckerschoten, Paprika, Frühlingszwiebel)

„Mao" ist der Thai-Begriff für „betrunken", womit man hier durch den Namen des Rezepts wieder einmal fehlgeleitet wird. „Ertrunken" wäre besser, aber vielleicht ist das auch die falsche Herangehensweise, um sich den Namen zu erklären. Es gibt Geschichten darüber, dass dieses feurigscharfe Gericht ausgezeichnet gegen einen Kater helfen soll. Andere Geschichten erzählen von einer Ehefrau, die die Nase voll von ihrem andauernd betrunkenen Ehemann hatte, so dass sie ihm eines Tages absichtlich ein et-

was zu scharfes Gericht servierte, womit eine weitere Zubereitungsart entstanden war. Man trifft mittlerweile auf viele Varianten dieses Gerichts, ob mit Spaghetti, Reisnudeln oder Reis (wie hier im Bild zu sehen ist). Und wer es gerne scharf mag, ist hier ohnehin genau richtig.

Thailandurlauber sollten dieses Gericht vielleicht nicht an den ersten Tagen ihres Urlaubs essen, sondern erst nach einer Eingewöhnungszeit, damit der Verdauungstrakt sich umstellen kann.

Zubereitung:

Babymais vierteln, Zitronengras in ovale Scheiben schneiden, Chilis mit dem Messerrücken oder einem Fleischklopfer zerquetschen, Schalotten vierteln, frischen grünen Pfeffer waschen und ebenfalls leicht mit dem Messerrücken aufklopfen.

Das Gemüse in kleine Stücke schneiden und alles in einer Schüssel mischen.

Im Wok das Öl erhitzen und die Knoblauch-Chili-Paste einrühren. Anschließend das Fleisch dazugeben und gut durchbraten. Die restlichen Zutaten untermischen und unter ständigem Rühren die Hühnerbrühe, Sojasaucen und die Austernsauce dazugeben. Etwas einkochen lassen und mit Zucker und gemahlenem Pfeffer abschmecken. Für die Variation mit Reis wird nun alles auf einem Reisbett angerichtet.

Wer die Nudel-Variante mag, mischt die gekochten Nudeln bereits im Anschluss an das Gemüse unter!

Gebratenes „süß-sauer"

Sweet and sour stir-fry / Pad Preaw Waan /
ผัด-เปรี้ยว-หวาน

Viele Menschen behaupten, sie können nichts aus der Thai-Küche essen, da das Essen viel zu scharf sei. Das ist nicht richtig: Es gibt zahlreiche Gerichte, die nicht scharf sind. Eines davon ist Pad Preaw Waan. Es gehört zu den süß-sauren Speisen, die übrigens bei Kindern besonders beliebt sind.

Zutaten:

für 1 Person:

150 g Fleisch, Fisch, Meeresfrüchte oder Tofu, in Würfeln

2 Esslöffel Reismehl

1 Esslöffel klein gehackter Knoblauch

½ Tasse geviertelte Tomaten

½ Tasse gewürfelte Ananas

½ Tasse Zwiebeln, in Ringe geschnitten

½ Tasse Möhren, in feine Stifte geschnitten

½ Tasse Gurken, in kleine Stücke geschnitten (Brokkoli oder Paprika sind auch möglich)

½ Tasse Frühlingszwiebeln, in 2-cm-Stücke geschnitten

2 Esslöffel Öl

2 - 3 Teelöffel Tamarindensauce

2 - 3 Teelöffel Soja- oder Fischsauce

½ - 1 Teelöffel Kokosnusszucker

½ - 1 Teelöffel Zucker

1 Tasse Gemüsebrühe

Zubereitung:

Öl in einem Wok bei mittlerer Stufe erhitzen. Fleisch, Fisch bzw. Tofu im Reismehl wenden und im Öl leicht knusprig anbraten. Aus dem Wok nehmen und in einer Schüssel aufbewahren.

Den Wok säubern und wiederum Öl erhitzen. Den Knoblauch darin anbraten. Anschließend Tomaten, Ananas, Zwiebeln, Möhren, Gurken (oder Borkkoli bzw. Paprika) und die Gemüsebrühe dazugeben. Unter ständigem Rühren alles gut dünsten. Mit Tamarindensauce, Soja- bzw. Fischsauce und Zucker abschmecken.

Wenn das Gemüse gar, aber noch bissfest ist, das Fleisch bzw. den Tofu wieder in den Wok geben und alles gut vermengen. Auf Tellern anrichten und mit den Frühlingszwiebeln garnieren.

Gebratenes Hühnchen „süß-sauer"

Fried sweet and sour chicken / Pat Preaw Waan Gai / ผัด-เปรียว-หวาน-ไก่

Bei diesem süß-sauren Gericht wird das Fleisch im Vorfeld mariniert, in Tempuramehl gewendet und dann frittiert. Es ergeben sich somit würzige, krosse – und sehr leckere – Fleischstückchen.

Die Gemüsesorten können wieder nach persönlichem Belieben ausgewählt werden: Babymais, Möhren, Brokkoli, Blumenkohl – vieles ist denkbar!

Zutaten:

für 1 - 2 Personen:

400 g Hühnerfleisch, in kleine Stücke geschnitten

2 - 3 Esslöffel helle Sojasauce

1 Teelöffel frisch gemahlener schwarzer Pfeffer

½ Salatgurke

1 rote Paprika

1 feste Tomate

250 g frische Ananas

1 große Zwiebel

2 Frühlingszwiebeln

½ Tasse Ananassaft

Öl zum Erhitzen

etwas klein gehackter Knoblauch

Tempuramehl

1 - 2 Esslöffel Speisestärke

2 - 3 Esslöffel Fischsauce

etwas Reisessig

4 - 5 Esslöffel brauner Zucker aus Zuckerrohr

Zubereitung:

Sojasauce und Pfeffer zu einer Marinade verrühren und das Hühnerfleisch hineinlegen. Mindestens 1 Stunde im Kühlschrank ziehen lassen.

Die Salatgurke schälen, vierteln, das Kernhaus entfernen und dann in Würfel schneiden. Paprika waschen, von Stiel, Kernen und Zwischenwänden befreien und ebenfalls in grobe Würfel schneiden.

Tomaten vierteln, vom Stielansatz und den Kernen befreien und in Würfel schneiden. Ananas schälen, vierteln, den Strunk herausschneiden und auch diese Stücke in Würfel schneiden. Zwiebel schälen und in grobe Würfel schneiden. Die Frühlingszwiebel in ca. 3 Zentimeter lange Stücke schneiden.

Etwas Tempuramehl in eine Schüssel geben und mit wenig Wasser zu einem zähflüssigen Brei verrühren. Das Fleisch darin wenden, in etwas Öl ausbacken, aus dem Wok nehmen und im Backofen warm halten.

Bei mittlerer Stufe etwas Öl im Wok erhitzen und den Knoblauch darin hellbraun anbraten. Das Gemüse und die Ananasstücke hinzugeben. Alles unter ständigem Rühren 1 bis 2 Minuten braten. Anschließend die Fischsauce und den Ananassaft dazugeben und kurz aufkochen lassen. Wenn die Flüssigkeit nicht ausreicht, mit etwas Wasser auffüllen.

Speisestärke mit etwas kaltem Wasser verrühren und unter die Zutaten im Wok mischen. Mit Zucker und Reisessig abschmecken und so lange köcheln lassen, bis die Speisestärke die Sauce gebunden hat. Gemüse auf einer Platte oder Teller anrichten und das Fleisch darauf verteilen. Sofort servieren.

Gekochtes Hühnchen- fleisch nach Hainan-Art

Thai chicken and rice, Hainan style / Khao Man Gai / ข้าวมันไก

Zutaten:

1 ganzes Huhn

2 Esslöffel Salz

1 Handvoll Korianderwurzeln

Für die Sauce:

¾ Liter Knoblauchessig

¾ Liter Erdnusssauce

200 g frischer Ingwer, gewaschen und geschält

12 große Knoblauchzehen

2 komplette Korianderpflanzen

1 Schüsselchen mit Chili

1 Teelöffel Salz

1 Esslöffel Zucker

Für den Reis:

10 Knoblauchzehen

2 - 3 Pandanus-Blätter

3 - 4 Esslöffel Hühnerfett

1 kg Jasminreis

Für die Suppe:

Hühnerbrühe

1 Flaschenkürbis „Fak Fäng"

Zum Garnieren:

ein paar Korianderblätter

ein paar Gurkenscheiben

Hainan ist die südlichste Provinz der Volksrepublik China und besteht aus verschiedenen Inseln. Von dort stammt dieses von den Thailändern übernommene Rezept.

Khao Man Gai zählt zu den wenigen Thai-Gerichten, die von der Zubereitung her etwas aufwendiger sind. Doch bei den Thailändern ist es sehr beliebt, vor allem bei Kindern! Serviert wird das Fleisch mit Reis, Suppe und scharfer Ingwersauce.

Achtung:
Im Gegensatz zu den anderen Rezepten reicht dieses für 4 bis 5 Personen!

Zubereitung:

Das Huhn waschen und (wenn nötig) die Innereien, Kopf und Füße entfernen. In einem großen Topf Wasser mit 2 Esslöffeln Salz zum Kochen bringen (das komplette Huhn muss hineinpassen). Das Huhn nach 25 Minuten wenden und eine Handvoll Korianderwurzeln dazu geben. Je nach Größe des Huhns nach ca. 1 Stunde das Geflügel aus der Brühe nehmen.

Den Kürbis schälen, vierteln, vom Kernhaus befreien, in größere Würfel schneiden und in die Brühe geben.

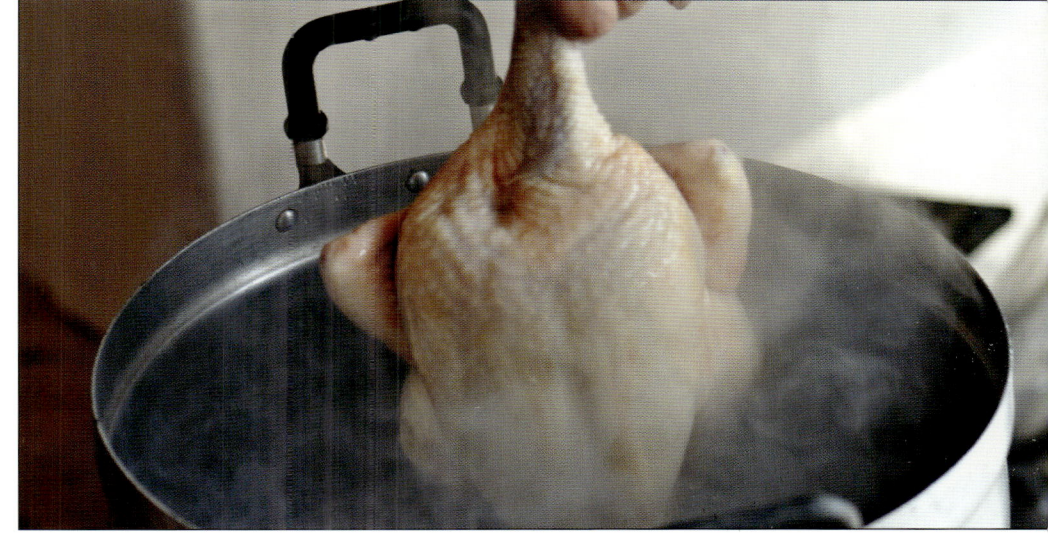

Den Reis waschen und in den Reiskocher füllen. Knoblauch im Mörser zerstoßen, in etwas Öl anrösten und zum Reis geben. Weiterhin 2 bis 3 Pandanus-Blätter und das Hühnerfett zum Reis geben und mit Hühnerbrühe auffüllen. Den Reis mit dieser Mischung wie gewohnt im Reiskocher garwerden lassen.

Für die Sauce alle entsprechenden Zutaten in einen Mixer geben und sehr klein zerhacken lassen: Knoblauchessig, Erdnusssauce, Ingwer, Knoblauchzehen, Korianderpflanzen, Chili, Salz und Zucker. Die Mischung danach in einen Topf füllen und einmal unter ständigem Rühren kurz erhitzen. Anschließend abkühlen lassen.

Das Hühnerfleisch in Scheiben schneiden und auf dem in Hühnerbrühe gegarten Reis anrichten. Mit Gurkenscheiben und etwas Koriander garnieren. Dazu die Sauce als Dip in Schälchen reichen und die Suppe mit dem Kürbis servieren. Die Suppe je nach Geschmack mit ein paar Spritzern heller Sojasauce würzen.

Koreanischer Suppengrill

Korean barbecue / Moo Kata / บาร์บีคิวเกาหลี

Diese Art des Grillens ist bei Asiaten besonders beliebt und stets mit geselligem – oft stundenlangen –Beisammensein verbunden, so wie wir mit Familie oder Freunden länger unser Fondue oder Raclette genießen.

Für Moo Kata wird der koreanische „Barbecue Maker" benötigt, ein Gerät, mit dem man gleichzeitig grillen und Suppe kochen kann.

Zutaten:

fetter Speck (Schweinebauch)

Suppenbrühe

Enokipilze

Shrimps

Fleisch nach Belieben (Huhn, Schwein, Rind oder auch Grillwürste)

rohe Eier

Glasnudeln

Gemüse nach Belieben

Mais

verschiedene Saucen und Gewürze

Zubehör:

Holzkohle und Anzünder für den Grill

Zubereitung:

Der Grill muss im Freien stehen und wird mit Holzkohle beheizt.

Zunächst füllt man Brühe in den äußeren Rand des Grills. Danach legt man fetten Speck auf die Grillfläche, um sie einzufetten. Ein besonders fettes Stück kann auch in der Mitte verbleiben.

Das Fleisch wird nun auf der Grillfläche verteilt. Nach und nach werden das Gemüse, Nudeln, Pilze etc. in die Brühe gelegt. Anschließend das aufgeschlagene Ei in der Brühe verteilen.

Jeder braucht neben einem Teller eine kleine Schüssel für die Suppe. Es wird abwechselnd Suppe und das Grillgut gegessen. Pikante Saucen, Knoblauch-Dips etc. und Getränke runden das Essen ab. Bitte darauf achten, dass Brühe und Speck immer nachgefüllt werden, solange gegrillt wird!

Schweinefleisch Chamuang

Kaeng Khua Moo Bai Chamuang / Moo Chamuang / แกงคั่วหมูใบชะมวง

Zutaten:

für ca. 4 - 6 Personen:

3 kg Schweinefleisch (Bauch etc.)

⅛ Liter helle Sojasauce

⅛ Liter dunkle Sojasauce

⅛ Liter Austernsauce

1 Schale Galgant, in Scheiben geschnitten

1 Schale Zitronengras

1 Schale Schalotten

1 Schale Knoblauch

10 kleine rote Paprika

1 Esslöffel Shrimppaste

1 Teelöffel Salz

1 Schale brauner Zucker

2 gehäufte Esslöffel Kokospalm-zucker

1 Beutel Bai Chamuang (ca. 2 Handvoll)

Moo chamuang ist ein besonderes Feiertagsgericht aus der Trat-Region (östlich von Bangkok, an der Grenze zu Kambodscha). Für dieses Essen muss das Fleisch einen Tag vorher in Marinade eingelegt werden!

Bai Chamuang sind die Blätter des Baumes mit dem botanischen Namen *Garcinia cowa*. Dieser gehört zur gleichen Gattung wie die Mangostane.

„Tai chua" heißt die Frucht dieses Baumes. Sie wird in Vietnam oft in getrockneter Form mitgekocht, um beispielsweise den Speisen eine besonders saure Note zu geben.

Zubereitung:

Die helle und die dunkle Sojasauce, die Austernsauce und den braunen Zucker zu einer Marinade verrühren. Das Schweinefleisch in Würfel schneiden, in die Marinade geben, so dass das Fleisch gut bedeckt ist, und über Nacht im Kühlschrank ziehen lassen.

Am nächsten Tag die restlichen Zutaten im Mixer mischen und zusammen mit dem Fleisch und Bai Chamuang im Wok anbraten, so dass es leicht kross wird.

Einen großen Topf mit 1 Liter Wasser zum Kochen bringen. Die Mischung aus dem Wok nun in das Wasser geben und ca. 4 Stunden köcheln lassen, dabei gelegentlich umrühren. Dazu wird Jasminreis serviert.

Gegrillte Würste „Sai Krok Isaan"

Grilled sausages Isaan style / Sai Krok Isan / ไส้กรอกอีสาน

Die Würstchen „Sai Krok" werden im ganzen Land gegessen. Auf dem Weg in den Nordosten Thailands werden sie häufig an den Straßenständen verkauft. Man isst sie frisch gekocht oder fermentiert. Für die Fermentation werden die Würste fünf bis sieben Tage in die Sonne gehängt. Das Fleisch wird dadurch sauer.

Zutaten:

500 g Hackfleisch vom Schwein

2 Meter Schweinedarm

100 g Klebreis (über Nacht in Wasser eingeweicht) oder zuvor eingeweichte Glasnudeln

5 Korianderwurzeln

2 Esslöffel Salz

10 Knoblauchzehen

1 Esslöffel Palmzucker

2 - 3 Esslöffel Fischsauce

Zubereitung:

Den Klebreis absieben und für 20 bis 25 Minuten dämpfen, bis er gar ist. Auf die Seite stellen und abkühlen lassen. Den Schweinedarm gründlich waschen und trocknen.

Korianderwurzeln, Knoblauch und Salz im Mörser zerstoßen. Diese Paste erst mit dem Reis mischen, dann mit dem Hackfleisch, dem Palmzucker und der Fischsauce vermengen. Gegebenenfalls einen kleinen Teil der Masse anschließend kurz anbraten, um zu probieren, ob alles gut gewürzt ist.

Den Schweinedarm an einem Ende verknoten und am anderen Ende mit Hilfe eines Trichters die Masse hineinstopfen. Die bereits eingefüllte Masse dabei immer wieder nach unten schieben. Wenn der Darm fertig gefüllt ist, diesen alle 5 Zentimeter abbinden Es können alternativ auch runde Kugeln geformt werden – ganz nach Lust und Laune.

Bevor die Würstchen weiterverwendet werden, sollten sie mindestens eine Nacht im Kühlschrank durchziehen. Danach können sie gekocht, gegrillt oder gebraten werden.

Es gibt übrigens auch Sets zur Herstellung dieser Würstchen im Asialaden. Sie bestehen aus Darm, den Schnürchen zum Abbinden, Gewürzen und einer Anleitung.

Satay

Satay / Sate / ะเต๊ะ

Zutaten:

300 g Rind-, Hühner- oder Schweinefleisch, in große Streifen geschnitten

½ Tasse Kokosnusscreme

Für die Marinade:

2 Esslöffel frisches, gehacktes Zitronengras

1 Teelöffel im Mörser zerstoßene Korianderwurzel

2 Teelöffel im Mörser zerstoßener Kreuzkümmel

½ Teelöffel Kurkumapulver

¼ Teelöffel im Mörser zerstoßener frischer schwarzer Pfeffer

4 Esslöffel Sojasauce

5 - 7 Knoblauchzehen

1 Teelöffel geriebener Galgant

2 Teelöffel Zucker

2 Esslöffel Pflanzenöl

Bambusspieße (im Asiashop gibt es spezielle Satay-Spieße)

Bei Satay handelt es sich um mariniertes Rind-, Huhn- oder Schweinefleisch, das auf einem Bambusspießchen gegrillt wird. In der Regel wird es mit der Erdnusssauce „Nam Chim Sate" und eingelegten Salatgurken serviert. In Küstennähe findet man zudem Variationen mit Meeresfrüchten. Denkbar sind jedoch auch Tofu- oder Sojaproteinstreifen als Fleisch- bzw. Fischersatz.

Satay ist eine perfekte Vorspeise oder ein Snack für zwischendurch. In Thailand wird es oft auf den Wochenmärkten angeboten. Bei uns eignet es sich auch als Zwischenmahlzeit für Gartenfeste.

Für die Marinade gibt es inzwischen zahlreiche Rezeptvariationen.

Zubereitung:

Zitronengras, Korianderwurzel, Kreuz-kümmel, Kurkumapulver und Pfeffer im Mörser zu einer Paste verarbeiten. Sojasauce, Knoblauch, Galgant, Zucker und Öl dazugeben. Nochmals alles gut im Mörser zerstoßen und mischen.

Das Fleisch mit der Paste aus dem Mörser marinieren und mindestens 1 Stunde im Kühlschrank ziehen lassen.

Danach die Fleischstückchen auf Bambusspieße oder auf Zitronen-grasstengel stecken. Auf einen heißen Grill legen und ab und zu mit der rest-lichen Marinade und der Kokosnuss-creme bestreichen. Von Zeit zu Zeit wenden.

Wenn das Fleisch eine leicht braune Farbe angenommen hat, sollten die Spieße fertig sein. Als Dip eignet sich Erdnusssauce (siehe Seite 41).

Grüner Papayasalat

Green papaya salad / Som Tam / ส้มตำ

Som Tam ist in Thailand so populär, dass die Tochter des Königs sogar ein Lied über ihn geschrieben hat. Er wird meistens in Kombination mit vielen anderen Gerichten gegessen.

Inzwischen gibt es zahlreiche Variationen. Dieses Rezept stammt aus einem Restaurant in Khon Kaen (Isaan) und ist typisch für diese Region. Dort wurde es aber mit acht frischen roten Chilis ergänzt.

Für die Herstellung der Sauce „Plarra" siehe Rezept auf Seite 64.

Zutaten:

für 1 Person:

¼ Papaya

1 Tomate

1 frische rote Chili (oder auch mehr, je nach gewünschter Schärfe)

1 mittelgroße Aubergine

1 Limette

1 Spritzer Fischsauce

2 Esslöffel Plarra-Sauce (Seite 34)

1 Esslöffel Zucker

Zubereitung:

Papaya in feine Stifte schneiden und Tomate achteln. Zusammen mit der Chili, dem Knoblauch und der geviertelten Aubergine in einen Tonmörser geben und mit einem Holzstößel zerstampfen. Den Saft einer Limette, den Spritzer Fischsauce, 2 Esslöffel Plarra-Sauce und 1 Esslöffel Zucker dazugeben und gut vermischen. Auf einem tiefen Teller anrichten.

Hähnchensalat

Spicy Thai chicken salad / Laab Gai / ลาบไก่

Ein ganz besonderes Rezept unter den Salaten, das mit einer wunderbaren Vielfalt an Aromen und Texturen überrascht. Sehr wichtig ist dabei die Verwendung von frischer Thai-Minze und frisch gepresstem Limettensaft. Dieses Rezept ist uralt und stammt aus dem Nordosten Thailands. Mittlerweile ist es jedoch im ganzen Land beliebt. Allerdings wurde dem Salat in jeder Region eine eigene Note verliehen. Das wird spätestens auf einer Reise von Norden nach Süden spürbar.

Als Beilage wird oft unterschiedliches rohes Gemüse serviert.

Zutaten:

für 1 Person:

300 g Hühnerbrustfilet

2 Esslöffel ungegarter Klebreis

5 Schalotten

2 Teelöffel Chilipulver

2 Frühlingszwiebel

2 Stängel Koriander

ca. 40 frische Minzblätter

½ Teelöffel Salz

1 Esslöffel Limettensaft

1 Esslöffel Fischsauce

einige Salatblätter

einige Scheiben Salatgurke

1 Tomate

Zubereitung:

Etwas Wasser in einem Topf zum Kochen bringen. ½ Teelöffel Salz dazugeben. In der Zwischenzeit das Hühnchen in kleine Stücke schneiden und in das kochende Salzwasser geben. Ca. 5 Minuten garen. Dann absieben und in einer Schüssel aufbewahren. Die kleingeschnittenen Schalotten, Chilipulver, Limettensaft und Fischsauce dazugeben und gut durchmischen. Den ungegarten Klebreis in einer Pfanne ohne Öl/Butter/Fett etwa 3 Minuten rösten und abkühlen lassen. Anschließend im Mörser zerkleinern und zu den anderen Zutaten in die Schüssel geben. Koriander und Frühlingszwiebel in kurze Stücke schneiden, zwei Drittel der Minzblätter kleinhacken und ebenfalls dazugeben. Alles gut mischen, auf Salatblättern anrichten und mit Gurkenscheiben, der Tomate und den restlichen Minzblättern garnieren.

Zum Garnieren eignen sich auch grüne Bohnen, Chinakohlblätter oder Weißkohlblätter.

Thai-Steaksalat

Thai steak salad / Nam Tok Moo / เนื้อน้ำตก

Zutaten:

für 1 Person:

200 g Schweine- oder Rindersteak

1 Tasse ungekochter Reis

ein kleines Stück Galgant, in Scheiben geschnitten

Für die Marinade:

1 Korianderwurzel,

7 - 10 kleine Knoblauchzehen,

1 Teelöffel schwarzen Pfeffer ganz

Etwas dunkle Sojasauce,

Palmzucker, Kokosnusscreme,

frische Milch und einen Schuss Ananassaft

2 - 4 kleine Schalotten, in feine Scheiben geschnitten

einige Frühlingszwiebeln, in kleine Ringe geschnitten

2 Esslöffel fein gehackte Koriander-blätter

eine Hanavoll Thai-Minzeblätter, gewaschen und getrocknet

Dressing:

1 Esslöffel Fischsauce

1 - 2 Esslöffel frisch gepresster Limettensaft

1 Esslöffel getrocknete Chilis, im Mörser zerstoßen

1 Teelöffel Palmzucker

Weiskohl- und Salatblätter zum Servieren

Ein scharfer Salat aus dem Nordosten Thailands mit einem ähnlichen Charakter wie Laab. Er wird normalerweise mit Rindfleisch zubereitet. Man findet jedoch auch Variationen mit Schweinefleisch, Tofu oder Meeresfrüchten.

„Nam Tok" bedeutet „Wasserfall". Dass das Gericht danach benannt ist, soll wohl assoziieren, dass das Fleisch noch Saft hat.

Die Zutatenliste und die Zubereitung klingen kompliziert und aufwendig. In Wirklichkeit ist der Salat jedoch leicht zuzubereiten. Einfach mal ausprobieren!

Für die Geschmacksnerven ist Nam Tok Moo eine Herausforderung. Durch die Mischung sind alle Geschmäcker dabei: scharf (Chilis), sauer (Limetten), erfrischend (Minze). Eine einzigartige Geschmackskomposition – sehr scharf und nur für geübte Gaumen.

Dieser Salat bietet sich auch an, wenn nach dem Grillen ein Steak übrig geblieben ist! Einfach das Steak wie gewohnt grillen und am nächsten Tag aus dem kalten Steak diesen wunderbaren Salat zaubern.

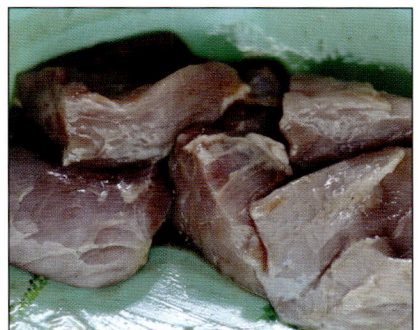  

Zubereitung:

1 Tasse ungekochten Reis sowie 4 bis 7 Scheiben Galgant und 2 zerrissene Kaffirlimettenblätter ohne Fett in den Wok (oder eine Pfanne) geben. Bei mittlerer Hitze und unter ständigem Rühren den Reis leicht braun werden lassen. Nach dem Abkühlen in einem Mörser zu einem groben Pulver verarbeiten. Für die Marinade folgende Zutaten im Mörser zu einer Paste zerstoßen: 1 zerdrückte Korianderwurzel, 7 bis 10 kleine Knoblauchzehen, 1 Teelöffel schwarzen Pfeffer.

Die Paste mit etwas dunkler Sojasauce, Palmzucker, Kokosnusscreme, frischer Milch und einem Schuss Ananassaft zu einer Marinade verrühren.

Das Fleisch in die Marinade legen und mindestens 1 Stunde im Kühlschrank ziehen lassen. Anschließend wird es auf dem Grill gut gegart. Dann abkühlen lassen und in feine Streifen schneiden.

Aus der Fischsauce, dem Limettensaft, den getrockneten Chilis und 1-2 Esslöffeln Palmzucker ein Dressing

herstellen. Es sollte salzig, sauer und scharf schmecken!

Das Fleisch, die Schalotten, die Korianderblätter, die Frühlingszwiebeln, die Minze sowie das selbst hergestellte Reispulver und das Dressing in eine Schüssel geben und gut durchmischen.

Kurz durchziehen lassen und anschließend auf Salatblättern anrichten. Mit Weißkohlblättern und geviertelten Salatgurken garnieren.

Currypaste

Curry paste / Khrueang Kaeng / เครื่องแกง

Massaman-Currypaste

Zutaten:

Diese Zutaten kurz – ohne Öl – rösten:
1 Teelöffel Kreuzkümmel
1 Teelöffel Koriandersamen
2 - 3 Kardamomsamen
1 Stück Zimt (1 cm)
½ Teelöffel Muskatnuss, frisch gerieben
⅛ - ¼ Teelöffel Muskatblüte, frisch gerieben

Folgende Zutaten klein schneiden / hacken und kurz anrösten:
2 Schalotten
8 - 10 kleine Knoblauchzehen
1 Esslöffel frischer Galgant
1 Esslöffel frisches Zitronengras
1 Teelöffel Korianderwurzeln
Weiterhin benötigen Sie:
3 - 4 große getrocknete rote Chili mit Samen
2 - 3 kleine getrocknete rote Chili
½ Teelöffel Salz
1 Teelöffel Shrimppaste

Zubereitung:

Alle Zutaten in einen Mörser geben und erst zu kleinen Stücken zerstoßen. Weiter im Mörser bearbeiten (zermahlen), bis eine feine Paste entsteht!

Haltbarkeit: Massaman-Currypaste ist in einem geschlossenen Behälter (am besten im Glas mit Schraubdeckel) im Kühlschrank ca. einen Monat haltbar.

Rote Currypaste

Zutaten:

Diese Zutaten kurz – ohne Öl – rösten:
1 Teelöffel Kreuzkümmel
1 Teelöffel Koriandersamen
2 - 3 Kardamomsamen
½ Teelöffel Muskatnuss, frisch gerieben
1/8 - 1/4 Teelöffel Muskatblüte, frisch gerieben

Was wäre die thailändische Küche ohne ihre Currys (Kaeng)? Gerade diese Technik erschließt sich dem Neuling nicht auf den ersten Blick. Von Region zu Region gibt es Unterschiede, und jeder Koch versucht, seine eigene kleine Currymarke zu entwickeln. Erfahrene Thai-Köche sind sehr begabt darin, die Geschmäcker ihrer Currys zu variieren.

Das wichtigste Arbeitsutensil besteht aus einem stabilen Mörser und Schlegel! Weiterhin: ein scharfes Messer und ein Schneidbrett.

Wenn sich die Zutaten im Mörser befinden, wechseln Sie nach einer Weile vom Stoßen zum Mahlen, bis eine einheitliche Paste endstanden ist.

Manche Köche glauben, diesen Prozess mit Hilfe eines Mixer abkürzen zu können, doch glauben Sie mir: Der Geschmack ist bei Weitem nicht derselbe! Die einzelnen Aromen kommen nur durch die besondere Technik des Mörserns zum Vorschein. Zu allen Currygerichten wird Reis serviert.

Folgende Zutaten klein schneiden / hacken:
getrocknete rote Chili (Menge je nach gewünschter Schärfe und Farbe)
getrocknete grüne Chili (Menge je nach gewünschter Schärfe)
1,5 Esslöffel frischen Galgant
2 Esslöffel frisches Zitronengras
2 gehackte Korianderwurzeln
1 Teelöffel ungespritzte Kaffirlimettenschale
2 - 3 Esslöffel Schalotten
7 - 10 Knoblauchzehen
Weiterhin benötigen Sie:
1 Teelöffel Salz
1 Teelöffel Shrimppaste

Zubereitung:

Alle Zutaten in einen Mörser geben und erst zu kleinen Stücken zerstoßen. Weiter im Mörser bearbeiten (zermahlen), bis eine feine Paste entsteht!

Haltbarkeit: Rote Currypaste ist in einem geschlossenen Behälter (am besten im Glas mit Schraubdeckel) im Kühlschrank ca. einen Monat haltbar.

Grüne Currypaste

Zutaten:

Diese Zutaten kurz – ohne Öl – rösten:
1 Teelöffel Kreuzkümmel
1 Teelöffel Koriandersamen
2 - 3 Kardamomsamen
¼ Teelöffel Zimt, gemahlen
1 Stück Sternanis
⅛ - ¼ Teelöffel Muskatnuss, frisch gerieben
⅛ - ¼ Teelöffel Muskatblüte, frisch gerieben

Folgende Zutaten klein schneiden / hacken:
2 - 5 große grüne und frische Chilis ohne Samen (sind für die grüne Farbe verantwortlich)
2 - 10 kleine grüne und frische Chilis

(Menge je nach gewünschter Schärfe)
1 Esslöffel frischen Galgant
2 Esslöffel frisches Zitronengras
2 gehackte Korianderwurzeln
½ Teelöffel ungespritzte Kaffirlimettenschale
2 - 3 Esslöffel Schalotten
7 - 10 Knoblauchzehen
Weiterhin benötigen Sie:
½ Teelöffel Salz
1 Teelöffel Pfefferkörner
1 Teelöffel Shrimppaste

Zubereitung:

Alle Zutaten in einen Mörser geben und erst zu kleinen Stücken zerstoßen. Weiter im Mörser bearbeiten (zermahlen), bis eine feine Paste entsteht!

Haltbarkeit: Grüne Currypaste ist in einem geschlossenen Behälter (am besten im Glas mit Schraubdeckel) im Kühlschrank ca. einen Monat haltbar.

Dschungel-Currypaste

Zutaten:

Diese Zutaten kurz – ohne Öl – rösten:
1 Teelöffel Kreuzkümmel
1 Teelöffel Koriandersamen
2 - 3 Kardamomsamen
⅛ - ¼ Teelöffel Muskatnuss, frisch gerieben
4 - 5 Gewürznelken

Folgende Zutaten klein schneiden / hacken:
getrocknete rote Chili (Menge je nach gewünschter Schärfe und Farbe)
frische rote Chili (Menge je nach gewünschter Schärfe und Farbe)
1 Esslöffel frischen Galgant
2 Esslöffel frisches Zitronengras
2 gehackte Korianderwurzeln
½ Teelöffel ungespritzte Kaffirlimettenschale
2 - 3 Esslöffel Schalotten
7 - 10 Knoblauchzehen

Weiterhin benötigen Sie:
1 Teelöffel Salz
½ Teelöffel Pfefferkörner
1 Teelöffel Shrimppaste

Zubereitung:

Alle Zutaten in einen Mörser geben und erst zu kleinen Stücken zerstoßen. Weiter im Mörser bearbeiten (zermahlen), bis eine feine Paste entsteht!

Haltbarkeit: Dschungel-Currypaste ist in einem geschlossenen Behälter (am besten im Glas mit Schraubdeckel) im Kühlschrank ca. einen Monat haltbar.

Panaeng-Currypaste

Zutaten:

Diese Zutaten kurz – ohne Öl – rösten:
1 Esslöffel Koriandersamen
¼ Teelöffel Kreuzkümmel

Folgende Zutaten klein schneiden / hacken:
4 – 5 große getrocknete Chili ohne Samen
3 – 7 kleine getrocknete rote Chili
1 – 2 Teelöffel frischen Galgant
1 Esslöffel frisches Zitronengras
2 gehackte Korianderwurzeln
½ Teelöffel ungespritzte Kaffirlimonenschale
2 Schalotten
8 - 10 Knoblauchzehen
Weiterhin benötigen Sie:
½ Teelöffel Salz
1 Teelöffel Shrimppaste

Zubereitung:

Alle Zutaten in einen Mörser geben und erst zu kleinen Stücken zerstoßen. Weiter im Mörser bearbeiten (zermahlen), bis eine feine Paste entsteht!

Haltbarkeit: Phanaeng-Currypaste ist in einem geschlossenen Behälter (am besten im Glas mit Schraubdeckel) im Kühlschrank ca. einen Monat haltbar.

Grünes Curry

Green Curry / Kaeng Khiao Waan / แกงเขียว หวาน

Kaeng Khiao Waan ist ein Klassiker unter den Thai-Currys und sehr lecker. Sie können dieses Rezept entweder mit Rind-, Schweine-, Hühnerfleisch oder mit Shrimps zubereiten. Serviert wird mit Duftreis.

Der süße Basilikum Bai Horapa ist ein absolutes Muss für dieses Gericht und kann durch keine andere Basilikumsorte ersetzt werden. Bai Horapa ist in der Regel in gut sortierten Asiashops mit Frischeabteilung erhältlich. Sie können es jedoch wie beschrieben auch selbst im Garten aussäen oder in Blumenkästen auf der Fensterbank ziehen.

Zutaten:

für 2 - 4 Personen:

400 g Rindfleisch, Schweinefleisch, Hühnerfleisch oder Shrimps

2 - 3 Esslöffel Grüne Currypaste (S. 145)

1 Tasse Kokosnusscreme

3 - 4 Tassen Kokosmilch

Gemüse nach Belieben (z.B. Auberginen „Ma-kheau Puang", Brokkoli, Bambussprossen)

2 Kaffirlimettenblätter

½ Tasse Bai Horapa

2 - 3 rote Chilis, diagonal geschnitten

1 - 3 Teelöffel Palmzucker

2 - 3 Teelöffel Fischsauce

Zubereitung:

Die Kokosnusscreme bei mittlerer Hitze zum Kochen bringen, bis sie ölig schimmert. Die Grüne Currypaste gut unterrühren. Die Kaffirlimettenblätter und das Fleisch dazugeben und alles gut vermengen. Die Kokosmilch nur nach und nach unterrühren und das Ganze weiterköcheln lassen. Nun das Gemüse in den Wok geben. Sobald das Fleisch gar ist, können die Fischsauce und der Palmzucker untergerührt werden. Alles weiterköcheln lassen. Kurz bevor Sie den Wok von der Flamme nehmen, werden die Bai-Horapa-Blätter und die Chilis untergehoben. Sofort servieren und Reis dazu reichen.

Massaman-Curry

Massaman Curry / Kaeng Masaman / แกง-มัสมั่น

Zutaten:

für 2 - 4 Personen:

600 ml Kokosmilch

650 g Rind-, Hühner- oder Lamm-fleisch, je nach Wunsch

5 - 8 mittelgroße festkochende Kartoffeln, geschält und geviertelt

250 ml Kokosnusscreme

50 ml Massaman-Currypaste (S. 144)

2 EL Fischsauce

1 EL Palmzucker

4 EL Tamarindenpaste oder -saft

6 Kardamomsamen

1 Zimtstange

1 Zwiebel, in Stücke geschnitten

2 - 3 Lorbeerblätter

50 g geröstete Erdnüsse oder Cashewkerne

gekochter Reis als Beilage

Massaman-Curry zählt unter den thailändischen Currys zu den zeitaufwändigsten, daher gibt es dieses Gericht in vielen kleineren Restaurants Thailands nur auf Vorbestellung für den nächsten Tag.

„Massaman" ist das thailändische Wort für „Moslem". Entsprechend gibt es dieses Curry nur mit Rindfleisch, Hühner- oder Lammfleisch und lediglich in den Regionen, die einen größeren muslimischen Bevölkerungsanteil haben. Das ist ganz im Süden und an der Grenze zu Kambodscha der Fall.

Massaman-Curry gehört zu den Gerichten, die am Tag nach der Zubereitung sogar noch besser schmecken. Insofern eignet es sich hervorragend, wenn man eine Mahlzeit vorkochen muss und seine Gäste am Tag nach der Vorbereitung damit bewirten will.

Das bedeutet auch, dass dieses Curry in Thailand eine große Ausnahme darstellt, denn üblich ist, die Gerichte frisch zuzubereiten und sofort zu servieren.

Zubereitung:

Kokosmilch langsam in einem Topf zum Kochen bringen. Das Fleisch zufügen und bei mittlerer Hitze garen, gelegentlich umrühren.

Die Kokosnusscreme in einem zweiten Topf 5 bis 8 Minuten kochen, bis die Oberfläche der Creme ölig schimmert. Die Massaman-Currypaste unter die Creme rühren und kurz aufkochen lassen.

Diese Currymischung nun in den Topf mit dem Fleisch geben. Mit Fischsauce, Palmzucker und Tamarindenmark bzw. -sauce abschmecken. Kardamomsamen, Zimtstange, Kartoffeln und Zwiebeln hinzugeben. Weitere 10 bis 15 Minuten köcheln lassen, bis die Kartoffeln gar sind. Am Schluss die Erdnüsse zugeben und 5 Minuten weiterkochen lassen. Das fertige Gericht kann mit gekochtem Reis serviert werden.

Rotes Curry

Red Curry / Kaeng Ped / แกงเผ็ด

Rotes Curry wird auch als „scharfes Curry ‚Kaeng Ped'" bezeichnet. Es zählt zu den beliebtesten Gerichten in Thailand. Man sollte es jedoch mit den Chilis nicht übertreiben, denn die Schärfe kann die wunderbaren anderen Geschmäcker überdecken. Das wäre schade.

Weiterhin ist wichtig, dass die Kokosmilch vorsichtig nach und nach zugegeben wird, nicht auf einmal.

Zutaten:

für 2 - 4 Personen:

400 g Rindfleisch, Schweinefleisch, Hühnerfleisch oder Shrimps

2 - 3 Esslöffel Rote Currypaste (S. 144)

1 Tasse Kokosnusscreme

3 - 4 Tassen Kokosmilch

Gemüse nach Belieben (z.B. Auberginen „Ma-kheau Puang", Brokkoli, Bohnen, Kartoffeln, Bambussprossen, Möhren)

2 Kaffirlimettenblätter, fein geschnitten

½ Tasse Bai Horapa (süßer Thai-Basilikum)

2 - 3 rote Chilis, diagonal geschnitten

1 - 3 Teelöffel Palmzucker

2 - 3 Teelöffel Fischsauce

gekochter Reis als Beilage

Zubereitung:

Die Kokosnusscreme bei mittlerer Hitze zum Kochen bringen, bis sie ölig schimmert. Die Rote Currypaste gut unterrühren. Die Kaffirlimettenblätter und das Fleisch dazugeben und mit der Currypaste-Kokosnusscreme–Mischung gut vermengen. Die Kokosmilch nach und nach dazugeben und köcheln lassen. Dann das Gemüse hinzufügen, und wenn das Fleisch durch ist, die Fischsauce und den Palmzucker dazugeben. Anschließend weiter köcheln lassen. Kurz bevor Sie den Wok von der Flamme nehmen, die Basilikumblätter und die Chilis unterheben. Sofort mit Reis servieren.

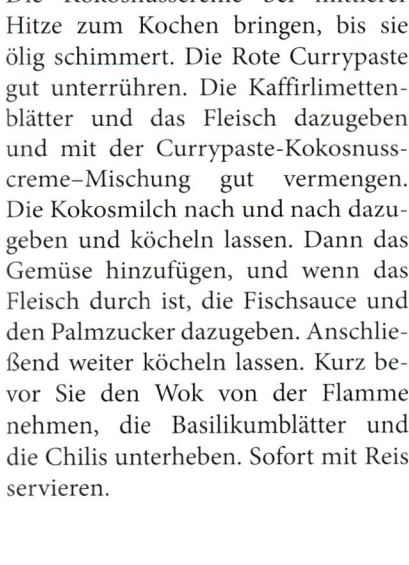

Pfannengerührtes Rotes Curry mit Huhn

Stir fried Red Curry and chicken / Pad Phrik Kae Gai
/ ผัด พริก แกง ไก่

Eine superleckere Variante für alle, die Kokosmilch nicht so gerne mögen, aber trotzdem gerne scharf essen.

Die Rote Currypaste ist für viele Gerichte geeignet. Allerdings sollten nie mehr als ein bis zwei Esslöffel verwendet werden, damit die Schärfe der Paste den Geschmack der anderen Zutaten nicht überlagert.

Wenn man die Rote Currypaste bereits vorbereitet hat, ist dieses deftige Gericht schnell zubereitet!

Zutaten:

für 1 Person:

Öl zum Anbraten

2 - 3 kleine zerdrückte Knoblauchzehen

Fleisch nach Belieben: Huhn, Schwein, Rind, Shrimps oder Tintenfisch

1 Esslöffel Rote Currypaste (S. 144)

1 - 2 Esslöffel Austernsauce

½ Teelöffel brauner Zucker

1 Esslöffel dunkle Sojasauce

Gemüse nach Belieben (z.B. Schlangenbohnen, Babymais)

gekochter Reis als Beilage

Salatgurken und Salatblatt zum Garnieren

Zubereitung:

Öl in einem Wok bei mittlerer Stufe erhitzen. Knoblauch dazugeben und so lange im Öl wenden, bis er eine leicht braune Farbe angenommen hat. Fleisch dazugeben und unter ständigem Wenden gut durchbraten. Rote Currypaste untermischen. Anschließend die Austernsauce, Sojasauce und den Zucker dazugeben und alles gut verrühren. Nun das Gemüse unterheben und weitere 2 bis 3 Minuten (je nach gewünschter Bissfestigkeit des Gemüses) weiterköcheln lassen. Mit Reis, Salatblatt und Salatgurkenscheiben anrichten.

Dschungel-Curry

Jungle Curry / Kaeng Pa / แกงปา

Dschungel-Curry war Thailands ursprünglichstes Currygericht, bis indische und chinesische Einflüsse Einzug gehalten haben – und mit ihnen Kokosmilch. Schließlich waren Kokospalmen in Thailands Dschungel ursprünglich gar nicht zu finden.

Die ursprünglichste Variante des Dschungel-Curry wird mit Wildschwein sowie mit Zutaten, die rund ums Haus oder eben im Dschungel wachsen, zubereitet.

Mittlerweile wird allerdings auch normales Hausschwein oder Huhn verwendet.

Zutaten:

für 1 Person:

Öl zum Erhitzen

2 Esslöffel Dschungel-Currypaste (S. 145)

Hühnerfleisch oder Schweinefleisch, in kleine Stücke geschnitten

Gemüse nach Belieben (z.B. geviertelte / halbierte Auberginen, klein geschnittener Babymais, in Stücke geschnittene Schlangenbohnen, gewürfelter Kürbis)

1 Tasse Bai Yee Ra (Basilikum)

Shrimp- oder Hühnerbrühe

frische große rote Chili, in diagonale Scheiben geschnitten

chinesischer Ingwer (Fingerwurz), in dünne Streifen geschnitten

frischer grüner Pfeffer

Kaffirlimettenblätter, in hauchdünne Streifen geschnitten

etwas Fischsauce

Zucker

gekochter Reis als Beilage

Zubereitung:

Öl in einem Wok erhitzen. Die Dschungel-Currypaste dazu geben und so lange rühren, bis eine rote Öl-schicht obenauf schwimmt. Erst das Fleisch dazugeben und kurze Zeit danach das Gemüse und den Basilikum. Alles gut durchrühren, mit der Brühe auffüllen und kurze Zeit köcheln lassen. Die Kaffirlimettenblätter unterrühren. Chili, Ingwer und grünen Pfeffer dazugeben. Mit etwas Fischsauce und einer Prise Zucker abschmecken. Noch weitere 2 Minuten köcheln lassen, dann in einer Schüssel anrichten. Dazu Jasminreis servieren.

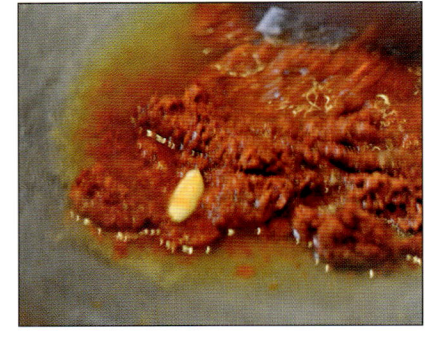

Erdnuss-Curry

Panaeng Curry / Kaeng Phanaeng / แกงพะแนง

Erdnuss-Curry ist grundsätzlich etwas milder als die anderen Thai-Currys. Der Name könnte eine Adaption der Insel Penang in Nordwestmalaysia sein, allerdings sind die Zutaten eher thailändisch.

Panaeng-Curry respektive Erdnuss-Curry zählt zu den Klassikern der thailändischen Küche. Es wird sehr oft mit Rindfleisch zubereitet, was auf einen muslimischen Einfluss auf das Rezept schließen lässt. Serviert wird es immer mit Jasminreis.

Zutaten:

für 1 - 2 Personen:

400 g klein geschnittenes Fleisch (Rind, Schwein, Huhn oder Shrimps)

2 Esslöffel Panaeng-Currypaste (S. 145)

1 Tasse Kokosnusscreme

3-4 Tassen Kokosmilch

Gemüse wie Auberginen, Schlangenbohnen, Kürbis etc.

2 Kaffirlimettenblätter

1 Teelöffel im Mörser zerstoßene Erdnüsse

2-3 große rote Chilis, diagonal geschnitten

1-2 Teelöffel Kokosnusszucker

3-4 Teelöffel Fischsauce

Zubereitung:

Wok auf mittlerer Stufe erhitzen. ½ Tasse Kokosnusscreme zum Kochen bringen, die Currypaste und die Erdnüsse dazugeben und gut durchmischen. Kaffirlimettenblätter zerreißen und dazugeben – falls die Creme zu dickflüssig wird, Kokosmilch hinzufügen. Fleisch dazumischen. Nach und nach die restliche Kokosmilch (immer eine ¼ Tasse) dazugeben und Gemüse hinzufügen. Weiterköcheln lassen und ständig mischen. Mit Zucker und Fischsauce würzen, dann noch ein paar Minuten köcheln lassen – eventuell Kokosmilch dazugeben, wenn es zu dick wird. Kurz bevor Sie den Wok von der Flamme nehmen, die Chilis unterheben.

Vom Wok nehmen und anrichten. Mit Limettenblättern und Kokosnusscreme garnieren.

Gebratenes Huhn mit Cashewkernen

Fried chicken with cashew nuts / Gai Pad Med Mamuang / ไก่ผัดเม็ดมะม่วงหิมพานต์

Zutaten:

für 1 Person:

400 g klein geschnittenes Fleisch

Öl zum Erhitzen

4 - 5 klein gehackte Knoblauchzehen

500 g Hühnerbrust, in dünne Streifen geschnitten

1 Esslöffel Reismehl

1 Esslöffel Fischsauce

2 Esslöffel Austernsauce

2 Esslöffel brauner Zucker

1 Messerspitze frisch gemahlener schwarzer Pfeffer

kleingeschnittenes Gemüse nach Belieben (z.B. Brokkoli, Möhren, Mais, Zwiebeln, Paprika, Kail-lan)

80 g Cashewkerne

1 - 2 Frühlingszwiebeln, in 2 - 3 cm Stücke geschnitten

Paprikastreifen und Salatblätter zum Garnieren

In Thailand werden Cashewkerne überwiegend im Süden des Landes produziert. Sie enthalten viele Mineralstoffe, was in dem tropischen Klima sehr wichtig für das Wohlbefinden ist.

Wenn man Thais beim Kochen mit Cashewkernen beobachtet, stellt man fest, dass sie sie immer kurz in einem trockenen Wok anrösten, bevor sie weiter verarbeitet werden – selbst dann, wenn sie schon vorbehandelt sind. Das mag daran liegen, dass jeder Thai bereits schlechte Erfahrungen

mit Cashewkernen gemacht hat: Bei frischen Kernen sind oft Reste einer giftigen Substanz vorhanden, die auf den Mundschleimhäuten schwere Verätzungen verursachen können. Dafür verantwortlich ist ein toxisches Öl namens „Cardol", das in der Cashewfrucht natürlich vorkommt. (Mehr über die Cashewfrucht auf Seite 210)

Zubereitung:

Die Cashewkerne in einem sauberen Wok ohne Öl rösten, bis sie leicht braun werden. Danach in eine Schüssel geben und zur Seite stellen. Das Fleisch mit dem Reismehl mischen. Das Öl im Wok erhitzen und den Knoblauch darin frittieren. Anschließend das Fleisch dazugeben und unter ständigem Rühren gut anbraten. Fischsauce, Austernsauce, Pfeffer und den Zucker untermischen und so lange rühren, bis der Zucker mit der Sauce etwas eingekocht ist.

Nun das Gemüse sowie die Nüsse untermischen und noch einmal alles gut durchrühren. Sobald das Gemüse gedünstet ist, auf einem Teller anrichten und mit Paprikastreifen und Salatblättern garnieren.

Wer dieses Gericht etwas würziger haben möchte, kann am Anfang den Knoblauch mit ein paar kleinen Chilischoten im Mörser zerstoßen und erst dann anbraten.

Wenn Sie mehr Sauce möchten, einfach etwas Hühnerbrühe dazugeben und mit etwas Maisstärke abbinden. Die Frühlingszwiebelstücke oben drauf – fertig.

Gebratene Garnelen mit Knoblauch und Pfeffer

Fried prawns with garlic and pepper / Kung Thot Krathiam Phrik Thai / กุ้งทอดกระเทียมพริกไทย

Dieses Gericht kann man auch mit kompletten Garnelen zubereiten (wie hier auf dem Foto).

Entfernt man allerdings Kopf, Schwanz und Darm, wären Kopf und Schwanz eine gute Grundlage, um sich eine hervorragende Suppenbrühe zu kochen, die sich auch einfrieren lässt (mehr über die eigene Herstellung von Brühen auf Seite 20).

Zutaten:

für 1 Person:

500 g Garnelen

Öl zum Anbraten

10 - 15 kleine Knoblauchzehen

1 Teelöffel frisch gemahlener schwarzer Pfeffer

1 Prise brauner Zucker

1 Spritzer helle Sojasauce

Zubereitung:

Die Garnelen waschen und den Darm
entfernen. Knoblauch kleinhacken.
Garnelen und Knoblauch in heißem
Öl gut durchbraten. Mit Pfeffer, einer
Prise Zucker und einem Spritzer heller Sojasauce abschmecken. Alles
noch einmal gut durchmischen und
auf einem Teller anrichten.

Rotes Schweinefleisch

Red pork / Moo Daeng / หมูแดง

„Moo" ist der thailändische Begriff für „Schweinefleisch" und „Daeng" bedeutet „rot". Bei Moo Daeng handelt es sich also um „rotes Schweinefleisch".

Das rote Fleisch sieht nicht nur sehr lecker aus, sondern läßt sich auch vielseitig einsetzen, etwa als Suppen-Einlage oder auf einer kalten Platte. Ihre Gäste werden angenehm überrascht sein.

Alternativ zu dem hier abgedruckten Rezept sind übrigens auch fertige Mischungen im Asialaden erhältlich.

Zutaten:

Schweineschulter oder -filet

10 kleine, zerdrückte Knoblauchzehen

1 Esslöffel Korianderwurzeln, kleingeschnitten

1 Teelöffel weißer Pfeffer

2 Esslöffel Zucker

3 Esslöffel helle Sojasauce

2 Esslöffel Rote-Beete-Pulver

oder

½ Teelöffel rote Lebensmittelfarbe

oder die Fertigmischung aus dem Asialaden

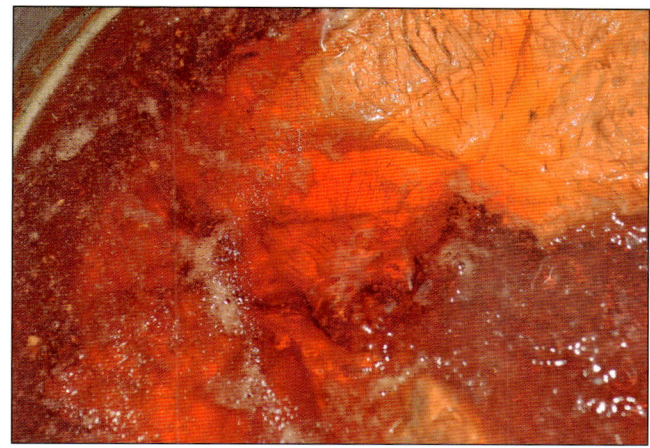

Zubereitung:

Wenn Sie eine Fertigmischung verwenden, gehen Sie nach Anleitung der Mischung vor (es gibt verschiedene Anbieter).

Ansonsten das Schweinefleisch in lange, ca. 2,5 mal 6 Zentimeter große Streifen schneiden (am besten vom Metzger bereits zuschneiden lassen!).

Knoblauch, Korianderwurzeln, Pfeffer, Zucker und Sojasauce zu einer Marinade verrühren. Das Fleisch damit einreiben und 3 Stunden im Kühlschrank ziehen lassen.

Wasser in einem Topf erhitzen und das marinierte Schweinfleisch hineinlegen. Anschließend das Wasser mit dem Rote-Beete-Pulver einfärben. So lange kochen, bis das Schweinefleisch gar ist. Die Fleischstücke aus dem Wasser nehmen, abtropfen und abkühlen lassen. Anschließend in dünne Scheiben schneiden.

Im Kühlschrank ist das Fleisch ca. eine Woche haltbar!

Eiernudelsuppe mit rotem Schweinefleisch

Egg noodle soup with roasted red pork / Bami Luang
Moo Deng / บะหมี่ หลวง หมู่ เต็ง

Die Eiernudelsuppe kann man sehr gut vorbereiten. Außerdem schmeckt sie ausgezeichnet und macht satt.

In Thailand werden Suppen dieser Art durchaus zum Frühstück gegessen!

Zutaten:

für 1 Person:

Hühnerbrühe

rotes Schweinefleisch (S. 162), in Scheiben geschnitten

Gemüse nach Belieben (z.B. klein geschnittener Senfkohl, Chinakohl, Stangensellerie oder Kai-lan)

Eiernudeln „Bami Luang"

Schnittknoblauch

frittierter Knoblauch

schwarzer Pfeffer

Zubereitung:

Eiernudeln (Bami Luang) ohne Salz kochen, abschütten (nicht abschrecken) und in eine Schüssel geben. Brühe im Topf erhitzen. Das kleingeschnittene Gemüse in Suppenschüsselchen verteilen. Die noch heißen Eiernudeln auf die Portionen verteilen und mit kochend heißer Brühe übergießen. Die Schweinefleischscheiben verteilen, mit etwas Schnittknoblauch und gemahlenem Pfeffer würzen, etwas frittierten Knoblauch darüberstreuen und sofort servieren.

Tom Yam

Hot and sour soup / Tom Yam / ต้มยำกุ้ง

Eine schnell zubereitete Suppe mit einer sehr interessanten Geschmackskombination aus scharf, sauer und salzig. Bei einer Erkältung gibt es fast nichts Besseres, um die Nasennebenhöhlen und die restlichen Atemwege zu befreien.

Tom Yam gibt es in unzähligen Variationen, zum Beispiel mit Fisch (oft White Snapper), Meeresfrüchten, Shrimps oder Schweinerippchen. Was jedoch immer gleich bleibt, ist die Geschmackskombination.

Die hier beschriebene Variante enthält Shrimps („Tom Yam Goong"). „Tom" ist das thailändische Wort für „Kochen" und „Yam" ist ein scharfer Thai-Salat. Zusammen ergeben Tom und Yam „heiß" und „sauer".

Zutaten:

für 1 Person:

1 größeres Stück Galgant, zerdrückt oder in Scheiben geschnitten

1 - 2 Stengel Zitronengras, in ovale Scheiben geschnitten

2 mit den Fingern zerrissene Kaffirlimettenblätter

1 - 2 zerdrückte Schalotten

5 - 6 zerdrückte scharfe Chilis

3 Tassen Shrimp- oder Hühnerbrühe

6 große Shrimps

200 g Strohpilze, halbiert (hier kann man auch andere Pilze oder Gemüse je nach Wunsch verwenden)

½ Tomate, in Scheiben geschnitten

2 komplette Korianderpflanzen mit Wurzeln, in kurze Stücke geschnitten

½ Teelöffel Salz

½ Teelöffel Fischsauce

1 - 2 Esslöffel frisch gepresster Limettensaft

Zubereitung:

Die Shrimps waschen, bis auf den Schwanz schälen und vom Darm befreien. Die Brühe zum Kochen bringen. Galgant, Zitronengras, Kaffirlimettenblätter, Schalotten und Chilis dazugeben und kurz aufkochen lassen (auf keinen Fall zu lange kochen, da sonst der Geschmack verloren geht).

Pilze, Tomate, Shrimps und Salz hinzugeben. Vom Herd nehmen. Koriander unterrühren und mit Limettensaft und Fischsauce abschmecken. Sofort heiß servieren!

Gebratene Mama-Nudeln

Fried Mama noodles / Mama Pad / มาม่าผัด

Mama-Nudeln (Thai: „มาม่า") ist in Thailand die beliebteste Marke unter den Instant-Nudeln. Anstelle der allgemeinen Bezeichnung „Bami Kueng Samret Rup" (Thai: „บะหมี่ กึ่ง สำเร็จรูป") für Instant-Nudeln wird einfach der Markenname verwendet, da er weit über die Grenzen Thailands hinaus bekannt ist.

Mama Pad ist das perfekte Gericht, wenn es bei großem Hunger schnell gehen muss. Darüber hinaus ist es sehr preiswert.

Zutaten:

Menge jeweils nach Belieben

Fleisch (Huhn, Schwein, Rind, Shrimp oder Tofu)

Kai-lan

Mohrrübe

Blumenkohl

kleine Maiskolben

Knoblauch

Mama-Nudeln (pro Person 1 Päckchen)

Öl zum Braten

1 Ei

Zucker

helle Sojasauce

Fischsauce

schwarzer Pfeffer

Zubereitung:

Fleisch, Kai-lan, Blumenkohl, Mais-Kolben kleinschneiden, die Mohrrübe in Stifte. Den Knoblauch zerdrücken und kleinhacken.

Mama-Nudeln laut Anleitung ohne Salz kochen und absieben.

Öl im Wok erhitzen und den Knoblauch darin leicht anbraten. Anschließend das Fleisch dazugeben und gut durchbraten. Danach das Gemüse in den Wok geben und je nach gewünschter Bissfestigkeit 2 bis 3 Minuten mitbraten.

Als Nächstes die Nudeln untermischen und alles noch einmal kurz durchschwenken. Die Masse in eine kühle Zone im Wok schieben, ein Ei braten und dieses Ei mit dem übrigen Zutaten gut mischen.

Mit Zucker, heller Sojasauce, Fischsauce und frisch gemahlenem schwarzen Pfeffer würzen. Auf einem Teller anrichten und, wenn gewünscht, mit einer geviertelten Limette und Frühlingszwiebeln garnieren. Wer es mag, kann die Limette über den Nudeln auspressen.

Mama-Nudel-Suppe

Mama noodle soup / Mama Tom / ต้มยำบะหมีมาม่า

Mama-Nudeln sind bei Asiaten sehr beliebt, daher werden sie bei zahlreichen Gerichten eingesetzt.

Viele Thailänder essen Suppen dieser Art zum Frühstück. Morgens eine warme, wohlschmeckende Suppe ist eine gute Grundlage für den Tag.

Zutaten:

Mama-Nudeln (1 Päckchen pro Person)

Brühe

nach Belieben: klein geschnittenes Hühnerfleisch, Schweinefleisch oder Shrimps

nach Belieben: klein geschnittene Möhren, Sellerie, Chinakohl, Frühlingszwiebel, Wasserspinat etc.

eingelegter Rettich

Knoblauch

frische Korianderblätter bzw. Schnittknoblauch

1 Ei

Instant-Suppen in Asien

In Asien sind Instant-Suppen allgegenwärtig, ob auf einer Fähre, die einen zu den zahlreichen Inseln bringt, in den Shops der 7-Eleven-Ladenkette, die es an jeder zweiten Hausecke gibt, oder in Lebensmittelgeschäften. Es gibt fertige Päckchen, die die Mama-Nudeln sowie ein Tütchen mit dem Suppenpulver und ein Tütchen mit Gewürzen enthalten.

Bei uns wissen viele gesundheitsbewusste Menschen, dass Tütensuppen nicht das Nonplusultra sind. Es gibt dennoch einen Grund, diese Tüten zu kaufen, denn man kann die Nudeln und die fertig portionierten Gewürze nutzen, um sich schnell eine eigene Suppe zu bereiten.

Wenn man eine eigene Suppenbrühe zur Verfügung hat, reicht es, lediglich die Gewürze sowie die Nudeln aus den Päckchen zu verwenden und weitere Zutaten wie frisches Gemüse aus dem eigenen Garten, ein Ei von den eigenen Hühnern usw. hinzuzufügen. So hat man eine preiswerte und schnelle Mahlzeit!

Zubereitung:

Die Nudeln laut Anleitung ohne Salz kochen (meistens 3 bis 4 Minuten), abgießen und mit kaltem Wasser abschrecken. Brühe erhitzen, Fleisch hinzugeben, ein Ei hineinschlagen und gut umrühren.

Anschließend das Gemüse und am Schluss die Nudeln unterheben.

Die Suppe noch einmal kurz aufkochen und den kleingeschnittenen Koriander bzw. Schnittknoblauch untermischen.

Servieren kann man mit etwas Knoblauch, der zuvor im Mörser zerstoßen und dann angeröstet wurde, oder mit kleingehacktem eingelegten Rettich bzw. Knoblauch und Rettich.

Am Tisch kann man Fischsauce, helle Sojasauce und getrocknete Chilis zum individuellen Nachwürzen bereitstellen.

Glasnudelsuppe

Glass noodle soup / Guai Diao Gai / ก๋วยเตี๋ยว ไก่

Glasnudeln werden nicht – wie oft angenommen – aus Reis, sondern aus der Stärke der Mungobohnen hergestellt. Das sieht man auch an der Farbe: Reisnudeln sind eher weißlich-matt.

Glasnudeln enthalten kein Fett und kein Eiweiß und unterscheiden sich von anderen Nudelarten in der Regel dadurch, dass sie nicht gekocht, sondern nur noch eingeweicht werden. Man kann sie auch gut frittieren. Da die Glasnudeln zwar geschmacksneutral sind, sich aber leicht mit anderen Aromen verbinden, sind sie vielseitig einsetzbar!

Zutaten:

für 1 Person:

Nach Belieben: Hühnchen, Shrimps oder Schweinefleisch

Brühe

helle Sojasauce

1 Handvoll Sojasprossen

etwas klein geschnittener Wasserspinat

1 klein geschnittene Frühlingszwiebel

etwas klein geschnittener Schnittknoblauch

1 Teelöffel klein geschnittener, eingelegter Rettich

1 Teelöffel im Mörser zerstoßener, frittierter Knoblauch

dünne Glasnudeln

Zubereitung:

Brühe zum Kochen bringen. Einen Spritzer helle Sojasauce dazugeben. Nach Belieben Fleisch in die Flüssigkeit geben und durchkochen. Sojasprossen gut waschen und zu den anderen Zutaten in den Topf geben. Nicht mehr kochen! Wasserspinat, Frühlingszwiebel und Schnittknoblauch nun ebenfalls in die Suppe geben. Anschließend die Glasnudeln waschen und unterheben. Die Suppe 5 Minuten quellen lassen, nicht mehr kochen!

Servieren kann man mit etwas Knoblauch, der zuvor im Mörser zerstoßen und dann angeröstet wurde, oder mit kleingehacktem eingelegtem Rettich bzw. Knoblauch und Rettich. Eingelegten Rettich gibt es fertig im Asia-Laden oder siehe Bezugsquellen am Ende des Buches!

Diese Suppe kann sich jeder am Tisch mit getrockneten Chilis, Zucker, Reisessig oder Fischsauce nach individuellem Geschmack nachwürzen.

Vegane Tofusuppe

Vegan tofu soup / Guai Tiao Nham Sai / ก๋วยเตี๋ยวน้ำใส

Zutaten:

für 1 Person:

Öl zum Anbraten

300 ml Wasser

½ Teelöffel Salz

½ Teelöffel klein gehackter Knoblauch

1 Esslöffel Pilzsauce

½ Esslöffel helle Sojasauce

½ Esslöffel dunkle Sojasauce

1 Teelöffel Zucker

eine Handvoll gemischtes Gemüse (Brokkoli, Babymais, Mohrrüben etc.)

vegane Suppennudeln nach Geschmack

Tofu

eine Handvoll Sojasprossen

1 Frühlingszwiebel

1 Teelöffel weißer Pfeffer aus der Mühle

1 Teelöffel frittierter Knoblauch

Fleischlose Kost hat in Thailand eine sehr lange Tradition und ist eng mit dem buddhistischen Glauben verknüpft. Eine der Lehren Buddhas besagt, kein Fleisch zu essen, und in Thailand kam Fleisch erst mit den Chinesen auf den Speiseplan. Sojabohnen und deren Produkte dienen in Ostasien schon seit Jahrhunderten zur Eiweißversorgung der Bevölkerung.

Wie es bei uns Bäckereien gibt, findet man in ganz Ostasien Tofureien. Welchen Stellenwert Tofu in Thailand hat, kann man auch daran erkennen, dass auf jedem Markt, auf dem Lebensmittel verkauft werden, Stände mit Tofu

zu finden sind. Die Produkte haben dieselbe Nachfrage wie bei uns Molkereiprodukte. Der Trend, sich vegetarisch / vegan zu ernähren, wie er in der westlichen Welt zu beobachten ist, wird in Thailand so nie einsetzen, da er schon seit Jahrhunderten praktiziert wird.

Das Besondere an der hier vorgestellten milden Suppe ist, dass keine klassische Suppenbrühe verwendet wird, sondern nur mit Pilz- und Sojasauce gewürzt wird.

Ohne Nudeln nennt sich die Suppe „Kao Lhao" („เกาเหลา").

Zubereitung:

Öl in einem Wok erhitzen und den kleingehackten Knoblauch anrösten, abgießen und zur Seite stellen.

Wasser zum Kochen bringen. Salz, Knoblauch, Pilzsauce, Zucker, helle und dunkle Sojasauce hinzufügen.

Gemüse und Tofustücke in die Flüssigkeit geben. Nur so lange kochen, bis das Gemüse gar, aber noch bissfest ist.

Nudeln nach Anleitung kochen und ebenfalls zur Suppe geben. Wenn Sie Glasnudeln verwenden, dann diese vorab waschen.

Die Glasnudeln in der Suppe 5 Minuten quellen lassen, nicht mehr kochen.

Am Schluss die Sojasprossen untermischen und mit Frühlingszwiebeln, Pfeffer und dem frittierten Knoblauch garnieren. Heiß servieren.

Individuell am Tisch mit getrocknetem Chili, Zucker, Reisessig und Pilzsauce (Nicht-Vegetarier können auch Fischsauce nehmen) nachwürzen!

Eiersuppe mit frittiertem Knoblauch

Egg soup with fried garlic / Soup Gai / ซุปไข่

Eier-Omelette als Suppe! Diese Mahlzeit ist bei Kindern sehr beliebt. Das Omelette kann mit Koriander, Schnittlauch, Schnittknoblauch oder Frühlingszwiebeln zubereitet werden. Wichtig ist, dass das Omelette erst ganz am Schluss zur Suppe gegeben wird, sonst wird diese schnell zum Mus!

Zum individuellen Nachwürzen am Tisch eignen sich helle Sojasauce und eine Pfeffermühle.

Zutaten:

für 1 Person

1 Liter Suppenbrühe

langer Koriander

2 Eier

eine Prise Salz

Öl

nach Belieben: Möhren, Senfkohl, Frühlingszwiebeln, Blumenkohl, Fischbällchen, Fleisch oder Shrimps

Knoblauch

Zubereitung:

Den Koriander waschen und kleinschneiden. Mit den 2 Eiern verquirlen
und leicht salzen. Öl im Wok erhitzen
und aus der Koriander-Eier-Mischung
ein Omelette machen. Suppenbrühe
erhitzen, Fleisch und Gemüse dazugeben. Knoblauch fein hacken und in
etwas Öl frittieren. Omelette in kleine
Stücke schneiden, zur Suppe geben
und sofort auf Tellern anrichten. Mit
frittiertem Knoblauch garnieren.

Huhn-Kokoscurry-Nudel-Suppe

Curried egg noodles with meat / Khao Soi / ข้าวซอย

Khao Soi ist ein Curry-Nudel-Gericht aus dem Norden Thailands. Rund um Chang Mai wird erzählt, dass das Rezept von chinesischen Moslems aus dem Süden Chinas beinflusst ist und es deshalb nur mit Hühner- oder Rindfleisch zubereitet wird. Auch die Bezeichnung „Suppe" ist nicht ganz zutreffend, da man unter Suppe meistens ein Rezept mit Suppenbrühe versteht. Khao Soi ist mehr eine Currysauce, die über die Nudeln gegossen wird.

Die Eiernudeln, die sich für dieses Gericht am besten eignen, haben eine flache Form und sind maximal fünf Millimeterbreit. Das Hauptgewürz in Khao Soi ist indisches Currypulver, das mit Roter Currypaste gemischt wird.

Zutaten:

für 2 - 4 Personen:

500 g Hühnerfleisch, in kleine Stücke geschnitten

4 - 5 Esslöffel Rote Currypaste (S. 144)

2 Esslöffel Öl

1 Tasse Kokosnusscreme

3 Tassen Kokosmilch

1 Esslöffel indisches Currypulver

½ Teelöffel Kurkumapulver

1 Stück chinesischer Kardamon, im Mörser zerstoßen

3 - 5 Esslöffel Fischsauce

2 Handvoll Eiernudeln

eine Tasse frittierte Eiernudeln

ein paar Sojasprossen

2 Schalotten, in feine Scheiben geschnitten

3 - 4 Esslöffel Tamarindensauce

eine Prise Salz

eine Prise Zucker

etwas Koriander (Blätter)

Zubereitung:

Öl bei mittlerer Stufe im Wok erhitzen. Die Rote Currypaste dazugeben und unter ständigem Rühren das Curry- und Kurkumapulver untermischen. Die Kokosnusscreme hineinrühren und kurze Zeit köcheln lassen. Öfter umrühren, bis sich das rote Öl von der Kokosnusscreme trennt.

Eine Tasse von der Kokosmilch unterrühren, das Fleisch dazugeben und nach und nach die restliche Kokosmilch in den Wok gießen. Die Hitzezufuhr reduzieren und die Fischsauce sowie etwas Zucker, Salz, Kardamom und die Tamarindensauce zugeben. Langsam köcheln lassen, bis das Fleisch gar ist.

Die Eiernudeln laut Anleitung kochen. Absieben und einen kleinen Teil der Nudeln in Öl frittieren. Beim Frittieren die Nudeln wenden, um eine gleichmäßige Farbe zu erreichen. Absieben.

Die Eiernudeln in einen tiefen Teller geben und das Fleisch mit der Currysauce darübergießen. Die frittierten Nudeln mit den gewaschenen Sojasprossen mischen und auf die Sauce geben. Mit den Schalotten und dem kleingeschnittenen Koriander garnieren.

Wontons

Wantan / Kelar / เกี๊ยว

Die gefüllten Teigtaschen haben ihren Ursprung im Norden Chinas. Mittlerweile sind sie jedoch in ganz Asien zu finden. Wonton-Teig gibt es fertig in fast jedem Asiashop mit Frischeabteilung zu kaufen (es gibt unterschiedliche Sorten, für Suppen oder zum Frittieren). Er kann jedoch auch sehr leicht selbst hergestellt werden.

Gefüllt werden Wontons meistens mit gewürztem Hackfleisch. In Küstenregionen besteht die Füllung auch aus Meeresfrüchten.

Zutaten:

Für den Teig

1 Ei

300 g Mehl

etwas Wasser

eine Prise Salz

Zwei Füllungsvorschläge:

250 g Schweinehackfleisch

1 Esslöffel helle Sojasauce

1 Prise Salz

1 Prise Zucker

frisch gemahlener weißer Pfeffer

1 Teelöffel Sesamöl

oder

250 g Schweinehackfleisch

3 Korianderwurzeln, im Mörser zerstoßen

5 - 7 kleine Knoblauchzehen, im Mörser zerstoßen

1 Prise Salz

1 Prise Zucker

frisch gemahlener schwarzer Pfeffer

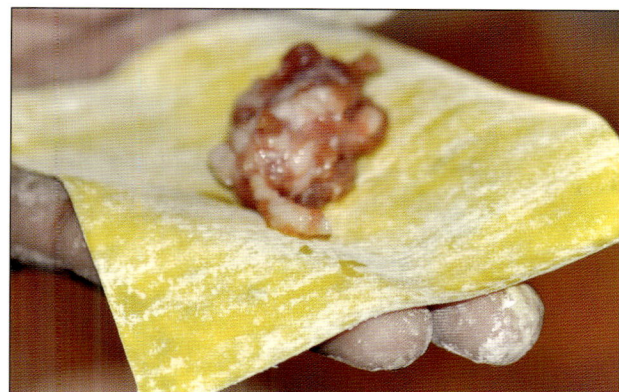

Zubereitung:

Für den Teig: Alle Zutaten zu einem Teig verrühren und ihn so lange kneten, bis er geschmeidig ist. Danach zugedeckt 1 Stunde ruhen lassen.

Den Teig auf einem bemehlten Nudelbrett dünn ausrollen und ca. 8 mal 8 Zentimeter große Quadrate ausschneiden. (Tipp: Mit einer Nudelmaschine werden die Wontons gleichmäßiger.)

Für die Füllung alle Zutaten gut miteinander verrühren.

Es gibt mehrere Arten, Wontons zu falten. Die zwei einfachsten Möglichkeiten sind, die Füllung in die Mitte der Wontons zu legen und sie einfach zu einem Dreieck zu falten oder die

Teigquadrate wie ein Säckchen zusammenzufassen und etwas zu drehen, damit sie geschlossen sind. Eine weitere Möglichkeit ist, die Ecken mit Eiweiß zu bestreichen, einmal diagonal zu falten und dann die langen Ecken zusammenzukleben. So entsteht eine Art Schiffchen. Eine weitere Art ist die Nonnenhaube. Bei allen Techniken ist es wichtig, die Luft aus den Taschen zu drücken, da die Wontons sonst leicht platzen können.

Einen Topf mit leicht gesalzenem Wasser zum Kochen bringen. Die Wontons hineingeben und etwa 5 Minuten ziehen lassen, nicht mehr kochen. Absieben und in eine Suppenbrühe geben.

Wontons können auch auf Vorrat zubereitet und dann eingefroren werden.

Wonton-Suppe

Wantan soup / Ewy Num Moo Daeng / ซุปเกี๊ยว

Wenn man in Thailand eine Wonton-Suppe bestellt, wird man in der Regel gefragt, was die Suppe noch enthalten soll: Huhn, Schwein, Shrimps etc. Wontons werden in Thailand nicht als vollwertige Suppeneinlage gesehen, sondern nur wie Nudeln gewertet. Also muss nach Meinung der Thais noch etwas dazu, selbst wenn die Wontons bereits lecker und sättigend gefüllt sind.

Zutaten:

für 1 Person:

nach Belieben: Wonton, Hühner- oder Schweinefleisch oder Shrimps

Senfkohl

1 Liter Suppenbrühe

nach Belieben: etwas helle Sojasauce, Zucker und Austernsauce

Sojasprossen

Koriander (Blätter)

gerösteter Knoblauch

frisch gemahlener schwarzer Pfeffer

Wontons (Siehe Seite 180)

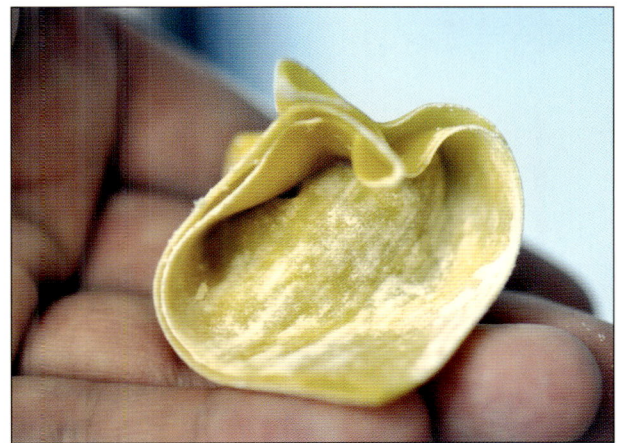

Zubereitung:

Die Suppenbrühe zum Kochen bringen und mit etwas heller Sojasauce, einer Prise Zucker und einem Schuss Austernsauce abschmecken. Das Fleisch dazugeben und solange köcheln lassen, bis es gar ist. Wonton, Sojasprossen und Senfkohl dazugeben. Auf Tellern anrichten und mit kleingeschnittenem Koriander und geröstetem Knoblauch garnieren. Etwas frisch gemahlenen schwarzen Pfeffer darüberstreuen und sofort servieren.

Kokossuppe mit Huhn und Galgant

Tom kha gai / Tom Khaa Gai / ต้มข่าไก

Eine Suppe, die nicht nur bei Magenverstimmungen oder Erkältungen wahre Wunder bewirkt, sondern auch noch ausgezeichnet schmeckt! Die exotische Mischung aus Zitrone, Kokosmilch und Galgant macht diese Suppe zu einem ganz besonderen Geschmackserlebnis.

Zutaten:

für 2 Personen:

1 Stengel Zitronengras

1 Stück Galgant, ca. 5 cm

2 - 3 Kaffirlimettenblätter

2 Tassen Kokosmilch

eine Handvoll Pilze

1 Tomate

200 g Hühnchenbrust

2 Tassen Wasser

3 Esslöffel Zucker

Saft einer Limette

einige Korianderblätter

Zubereitung:

Zitronengras und Galgant waschen und in Scheiben schneiden. Kaffir-limettenblätter waschen und je nach Größe evtl. in kleinere Stücke reißen. Pilze waschen und in kleine Stücke schneiden. Tomate waschen, vierteln und vom Stielansatz befreien. Hühnerbrust in Streifen schneiden.

Kokosmilch zusammen mit dem Zitronengras, dem Galgant und den Kaffirlimettenblättern erhitzen und ca. 2 bis 3 Minuten kochen. Das Wasser dazugeben und weiter kochen. Anschließend auch die Pilze, Hühnerbrust und Tomate in den Topf geben und bei schwacher Hitze ca. 4 Minuten kochen lassen. Zucker und Gewürzmischung unterrühren, vom Herd nehmen, den Saft einer Limette untermischen, mit Korianderblättern garnieren und sofort heiß servieren.

Ingwersuppe

Ginger soup / Tome Houne / เต้าฮวย

Eine Suppe, die man fast schon als Medizin gelten lassen kann. Laut den Einheimischen kann man mit diesem Gericht Krebs vorbeugen, den Blutdruck senken, Blähungen reduzieren, Durchfallerkrankungen heilen, Husten und alle anderen Erkältungskrankheiten lindern, Übelkeit beseitigen, Koliken verhindern, Fieber senken, Reisekrankheit und Seekrankheit vorbeugen und das Risiko von Herzerkrankungen senken.

Diese Liste könnte man noch lange fortsetzen. Wenn man sich mit Thailändern unterhält und nach den Vorzügen dieses Gerichtes fragt, behaupten manche sogar, die Suppe hätte eine aphrodisierende Wirkung. Das ist vielleicht ein Grund dafür, warum dieses Gericht bei den Asiaten so beliebt ist und auch auf vielen Märkten angeboten wird.

Auf jeden Fall sorgt diese Suppe für einen klaren Kopf, und die körpereigene Abwehr wird gestärkt.

Zutaten:

für 1 Person:

2 - 3 Stücke Ingwer

5 Tassen Wasser

eine Prise Salz

2 - 3 Esslöffel unraffinierter brauner Zucker

Backerbsen

ein Stück weicher Tofu

Zubereitung:

Den Ingwer schälen, gut waschen und in dünne Scheiben schneiden. Das Wasser in einem Topf erhitzen und den geschnittenen Ingwer dazugeben. Längere Zeit köcheln lassen, bis das Wasser den Geschmack des Ingwers komplett übernommen hat. Tofu in mundgerechte Stücke schneiden und auf Suppenschälchen verteilen. Den Zucker in die Ingwersuppe einrühren, bis er sich aufgelöst hat. Eine kleine Prise Salz unterrühren.

Backerbsen auf die Suppenschälchen verteilen. Die Ingwersuppe noch einmal aufkochen lassen und heiß über Tofu und Backerbsen absieben. Sofort servieren.

Vogelnestsuppe

Bird nest soup / Wat Ka Ce Rum Nok / เวช ศร รังนก

Manchmal gibt es in Asien Lebensmittel, deren Beliebtheit der Europäer nicht nachvollziehen kann. Oftmals können wir nur die aphrodisierende Wirkung als Grund dafür sehen, dass sie so gefragt sind. Ihren Ursprung haben derartige Lebensmittel häufig in China.

So verhält es sich auch mit den so genannten Vogelnestern. Sie stammen von einem Vogel, der kaum größer als ein Spatz ist, und doch beschert er vielen Bauern seit mehr als 1.200 Jahren eine sehr gute Einnahmequelle: Gemeint sind die Weißnestsalangane (white-nest swiftlet, lat. *Aerodramus fuciphagus)* und die Schwarznestsalangane (black-nest swiftlet, lat. *Aerodramus maximus).* Sie sind Vogel-

arten, die den Seglern (lat. *Apodidae)* zugeordnet werden, und verfügen über eine Echoortung ähnlich wie bei Fledermäusen. Daher ist es den Vögeln möglich, auch in dunklen Höhlen zu nisten.

Die Männchen bauen mit ihrem eiweißreichen, zähen Speichel, dem so genannten Nestzement, in ca. 35-tägiger Fleißarbeit ein Nest. Und genau das ist das „Objekt der Begierde" für zahlungskräftige Asiaten, denn dieser Nestzement bildet eine durchscheinende, gelatineartige Masse und härtet an der Luft aus.

Die Ernte in dunklen Höhlen zählt zu den gefährlichsten Jobs, immer wieder kommt es zu tödlichen Unfällen. Ein cleverer Unternehmer hatte Ende des 20. Jahrhunderts die Idee, höhlenartige Gebäude zu bauen und die natürlichen Brutstätten nachzubilden. Damit war ein neuer Landwirtschaftszweig geboren. „Swiftlet farmer" gibt es mittlerweile sehr viele, und man muss sich wundern, dass nicht mehr Reisende nach dem Sinn und Zweck dieser eher an Zuchthäuser erinnernden Gebäude fragen.

Da in China die Seglerarten, die solche Nester produzieren, nicht heimisch sind, werden die Nester in Thailand fast ausschließlich für den Export produziert.

„Schwalbennestersuppe", wie sie fälschlicherweise auch im deutschsprachigen Raum genannt wird, zählt zu den teuersten Speisen überhaupt. Es gab Zeiten, in denen der „Kaviar Asiens" dem Goldpreis ähnlich war. Auch heute noch werden für gute Qualität beachtliche Summen bezahlt.

Ein Gebäude wie das auf dem Foto abgebildete, bringt dem Landwirt gut 1.000 bis 1.500 Euro (Stand: 2017) an „Mieteinnahmen" pro Jahr.

Die Zubereitung der Suppe ist dagegen relativ unspektakulär, wenn man den Preis bedenkt. Die Nester werden in Wasser gereinigt und zum Quellen eingelegt. Danach gart man sie mit Kalbfleisch in Hühnerbrühe, wobei sich die Nester auflösen und eine gelatineartige Konsistenz entsteht. Der Geschmack ist extrem gewöhnungsbedürftig.

Mittlerweile wurde für den Duftstoff, den die Weibchen zur Brutzeit aussenden, eine synthetische Alternative entwickelt. Bei den Männchen sorgt das dafür, dass sie ihre Nester jetzt „in Serie" bis zur totalen Erschöpfung bauen. Die Masse zählt, denn sie bringt Profit. Tierschutz ist Nebensache.

Am Flughafen in Bangkok gibt es ein Lebensmittelgeschäft mit großer Vogelnestsuppenabteilung. Preise von 140.000 Baht pro Packung sind keine Seltenheit.

Die Früchte

Ananas

Pineapple / Sapparot / สับปะรดภูเก็ต

(bot. Ananas comosus)

Es gibt eine große Anzahl verschiedenster Ananassorten in Asien.

In Thailand sind die Ananas, die rund um Phuket angebaut werden, sehr beliebt, da sie etwas süßer und geschmackvoller sind als andere. Man findet Ananasplantagen über das ganze Land verteilt, und Straßenstände, an denen Ananas angeboten werden, gibt es an fast jeder Ecke.

Die Pflanze kann bis gut eineinhalb Meter hoch und die Früchte können je nach Sorte und Größe bis zu vier Kilogramm schwer werden.

Ananas ist fester Bestandteil zahlreicher Gerichte wie zum Beispiel süß-saurem Gemüse (siehe Seite 124 und 126) oder frittiert zu Meeresfrüchten. Die Früchte werden auch zu Wein, Alkohol, Marmelade und vor allem zu Saft verarbeitet.

Ananassprösslinge

Pineapple shoots / Nor Cfom Pa Rod / หน่อ. สับ. ปะ. รด

Ananassprösslinge werden, in kleine Würfel geschnitten, in manchen Currys verwendet.

Fachgerechtes Schälen von Ananas – Bild für Bild:

Banane

Banana / Kluay / กล้วย

(bot. Musa spp.)

In Thailand gibt es mehr als 30 verschiedene Bananensorten. Denkt man in Europa an Bananen, denkt man zuerst an eine süße, energiespendende Zwischenmahlzeit – dabei ist der Anteil von Kochbananen in tropischen Ländern beachtlich hoch. Kochbananen erinnern vom Geschmack und der Konsistenz ein wenig an Kartoffeln und zählen neben Reis zu einem der wichtigsten Energielieferanten. Bananen nehmen hinter Reis und Getreide den dritten Platz der wichtigsten Grundnahrungsmittel der Weltbevölkerung ein.

Bananenstauden können jeweils 300 Früchte und mehr tragen und drei bis sechs Meter hoch werden. Das Besondere an einer Bananenstaude ist, dass sie nur einmal Früchte trägt und dann abstirbt. Neue Pflanzen entstehen nicht aus einem Samen, sondern aus Schösslingen, die die Mutterpflanze vor dem Absterben bildet. Die Schösslinge trennen sich auf natürliche Weise von der Mutterpflanze oder werden auf Plantagen künstlich getrennt und bilden dann eigene Wurzeln. Dann dauert es wieder gut zwei Jahre, bis die Pflanze Früchte trägt.

Bananen werden in der Regel grün geerntet und müssen vor dem Verzehr noch nachreifen, was je nach Sorte ein paar Tage dauern kann. Ausnahmen sind die Kochbananen, die sowohl im reifen wie im unreifen Zustand nach entsprechender Zubereitung gegessen werden können. Kochbananen werden gegrillt, frittiert, gekocht oder gebraten.

Ausgereifte Bananen ziehen jede Menge Insekten an. Dies kann man in Europa leider nicht beobachten, da es unbehandelte Bananen frei von Pestiziden so gut wie nicht zu kaufen gibt. Und von mit Pestiziden behandelten Bananen halten sich Insekten fern.

Arabische Händler brachten die Pflanze zum ersten Mal nach Afrika. Im Arabischen heißt „banan" soviel wie „Finger(spitze)". Daraus wurde wahrscheinlich auch der Name „Banane" abgeleitet – was bei manchen Sorten, die wirklich nur fingergroß sind, mehr als passend ist.

Bananenblüte

Banana blossom / Hua Bli / หัว ปลี

Das Bananenherz, wie es auch oft genannt wird, ist ebenfalls essbar. Geschmacklich und von der Konsistenz her erinnert es an Artischocken. Man kann es auch roh essen, wobei es dann oft sehr bitter schmeckt. Dies kann man verhindern, indem man die einzelnen Stücke ca. 10 Minuten in Limettensaft legt, der die Bitterstoffe aus den Blüten zieht. Bananenblüten finden unter anderem Verwendung in Salaten oder als Beilage zu verschiedenen Gerichten.

Bananenblätter

Banana leaves / Bai Dtong / ใบ ตอง

Bananenblätter findet man auf so gut wie jedem Markt in Thailand. Sie werden dort oft in Paketen präsentiert, die an frisch gewaschene, gefaltete Bettwäsche erinnert. Bananenblätter werden als Teller, Lebensmittelverpackungen, Baumaterial, zeremonielle Laternen und sogar als Politurlappen für den Fliesenboden verwendet.

Bengalische Quitte
Bael fruit / Matoom / มะตูม

(bot. Aegle marmelos)

andere Namen: Madjobaum, Belbaum, Schleimapfel; die Frucht auch „Baelfrucht"

Die bengalische Quitte wird 10 bis 15 Meter hoch. Die Frucht wird frisch gegessen oder getrocknet, um Getränke oder Gelees herzustellen. Alle Teile, Rinde, Wurzeln, Blätter, Stamm und Frucht, haben heilende Substanzen, die in der traditionellen thailändischen Medizin Verwendung finden. Stamm, Rinde und Wurzel sollen zum Beispiel gegen Malaria helfen. Der Saft von frischen, im Mörser zerstoßenen Blättern hilft gegen Bronchitis. Untersuchungen haben ergeben, dass das Öl, das aus der Pflanze gewonnen wird, gegen 21 verschiedene Bakterien wirksam ist. In manchen Regionen werden frische junge Blätter und Sprossen der Pflanze auch in Salaten verwendet. Die Frucht hat eine leicht abführende Wirkung und hilft bei Verdauungsproblemen.

Um die reife Frucht zu öffnen, bedarf es schon etwas an Gewalt, und der englische Trivialname „stone apple" kommt nicht von ungefähr. Eine Machete oder ein Küchenbeil sind dabei sehr hilfreich.

Der Baum gehört übrigens zu den heiligen Bäumen der Hindus und zählt zu den ältesten Hausmitteln gegen eine Vielzahl von Krankheiten. Im Hinduismus wird er auch für religiöse Rituale verwendet.

Bengalischer Quittentee
Bael fruit ice tea / Nam Matoom / ผลไม้ผสมมะตูมชา

Dieser Tee gilt in Thailand als Medizin. Er soll den Magen reinigen und bei Verdauungsproblemen helfen, um nur zwei Beispiele zu nennen.

Zubereitung:

Die getrockneten Früchte waschen. (Frische Früchte in Scheiben schneiden und ohne Öl etwas im sauberen Wok rösten, bis sie zu duften anfangen. Aufpassen, dass sie nicht anbrennen – nur ganz kurz rösten). Wasser in einem Topf erhitzen, die Früchte dazugeben und bei geringer Hitzezufuhr 1,5 Stunden köcheln lassen.

Zucker hinzufügen, absieben und abkühlen lassen. Mit Eiswürfeln servieren. Es ist besser, für den Eistee etwas mehr Zucker zu verwenden, da durch das Abkühlen ein Teil der Süße verlorengeht.

Zutaten:

4 - 6 Stücke etrocknete Bengalische Quitten

4 - 6 Esslöffel brauner Zucker aus Zuckerrohr

500 ml Wasser

Bengalisches Quittengelee
Bael fruit jelly / Jelly Matoom /
เจลลีมะตูม เยลลีมะตูม

Zubereitung:

Die getrockneten Früchte waschen, trocknen und in einem sauberen Wok ohne Öl kurz rösten (dabei aufpassen, dass sie nicht anbrennen). Anschließend in einem Topf mit frischem Wasser so lange köcheln, bis das Wasser den Duft und die Farbe der Früchte angenommen hat. Danach die Früchte absieben. 2 Teelöffel Gelatinepulver in 2 Esslöffel warmem Wasser auflösen und ins Wasser einrühren. 1 Teelöffel Gelatinepulver mit dem Zucker mischen und ebenfalls in das noch warme Wasser einrühren. Die Flüssigkeit auf 2 bis 3 Gläser verteilen und abkühlen lassen.

Zutaten:

für 2-3 Gläser:

500 g getrocknete Bengalische Quitten

Wasser

150 g brauner Zucker aus Zuckerrohr

3 Teelöffel Gelatinepulver

2 Esslöffel warmes Wasser

Betelnusspalme

Betel nut / Mark / เบเทลนัท

(bot. Areca catechu)

andere Namen: Arekapalme, Belelpalme, Betelpalme, Pinangpalme oder Katechupalme

Wenn man in Südostasien die ländlicheren Regionen besucht, kommt man an Betelkauern nicht vorbei. Ihre Spuren sind überall sichtbar in Form von blutroten Flecken auf Wegen und Plätzen. Betel regt den Speichelfluss

an, doch weil das Verschlucken nicht besonders gut für den Magen sein soll, spucken Betelkauer überall aus und hinterlassen somit im ganzen Land ihre Spuren. Für die rote Farbe ist das in der Betelnuss enthaltene Arekarot, das erst durch das Einrollen in mit gelöschtem Kalk bestrichene Blätter des Betelpfeffers *(bot. Piper betel)*, den so genannten Betelbissen, die intensive rote Farbe entwickelt.

Die Wirkung des Betelkauens besteht darin, dass ein Gefühl der Gleichgültigkeit und des Wohlbefindens entsteht. Da die Wirkstoffe über die Mundschleimhäute aufgenommen werden, tritt der Effekt rasch ein.

Das Betelkauen wird seit Jahrhunderten praktiziert, aktuellen Schätzungen zufolge in Ostafrika und Asien von mehr als 450 Millionen Menschen. Die Früchte der bis zu 25 Meter hohen Palme zählen jedoch zu den Genuss- und nicht zu den Rauschmitteln.

Das Betelkauen hat dennoch seine Risiken, wie Zahnfleischentzündungen, Mundhöhlenkrebs, Schwindel, Schweißausbrüche, Brechreiz, Verdauungsstörungen oder Appetitlosigkeit, um nur ein paar zu nennen. Eine Überdosis kann auch beim Betelkauen durchaus tödlich enden – Todesursache ist dann meistens Atem- und / oder Herzlähmung.

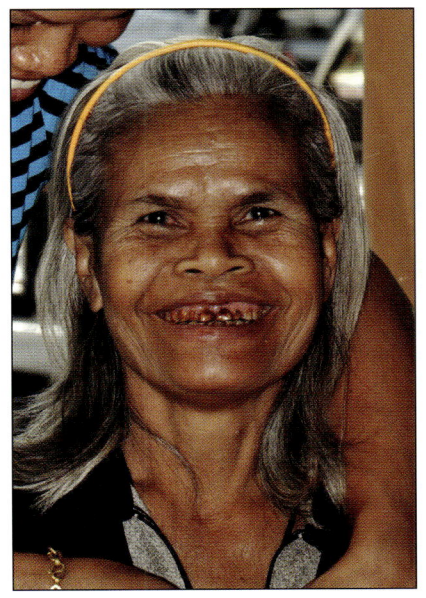

Blaue Klitorie

Butterfly pea / Dok Anchan / ดอกอัญชัน

(bot. Clitoria ternatea)

andere Namen: Schmetterlingswicke, Schmetterlingserbse

Man liest immer wieder von „freien Radikalen", und die Theorie besagt, dass diese Molekülfragmente an negativen Prozessen in unserem Körper beteiligt sind, wie dem Altern, der Entstehung von Angstzuständen und von Krankheiten wie Alzheimer, Krebs, Diabetes, Arteriosklerose und vielem mehr. Um all diese Prozesse zu verlangsamen, gibt es Antioxidantien – so genannte Radikalfänger. Wenn nun in einer Pflanze auch solche Antioxidantien nachgewiesen werden und dann die traditionelle asiatische Medizin den Blüten der Pflanze auch noch eine aphrodisierende Wirkung zuschreibt, ist es nicht verwunderlich, dass dieser Pflanze besonders viel Aufmerksamkeit zuteil wird. Dazu kommt noch, dass der botanische Name und die Form der Blüte eine Ähnlichkeit mit dem weiblichen Geschlechtsorgan aufweisen.

Viele Hotels servieren ihren Gästen einen Willkommens-Drink, der aus den Blüten hergestellt wird. Der Tee beeindruckt dabei mehr durch seine intensive blaue Farbe als durch seinen etwas an schwarzen Tee erinnernden Geschmack.

In der Küche Südostasiens werden die Blüten als natürliche Lebensmittelfarbe verwendet und Reis, Süßspeisen, Fruchtsäfte oder Cocktails damit eingefärbt.

Durch Zufügen von ein paar Tropfen Limettensaft kippt der pH-Wert, und es entsteht eine wunderschöne violette Farbe. In Europa kann die Pflanze im Gewächshaus vorgezogen und wie eine einjährige Pflanze behandelt werden. Sie liebt es, in sonnigen Lagen an Zäunen hochzuklettern.

Blaue-Klitorie-Eistee

Butterfly pea ice tea / Nam Tok Anchan / น้ำดอกอัญชัน

Zutaten:

10 getrocknete Blaue-Klitorie-Blüten

125 ml reiner Apfelsaft

1 Tasse Wasser

2 Esslöffel Zuckersirup (¼ Tasse Zucker und ½ Tasse Wasser mischen und erhitzen, bis sich der Zucker aufgelöst hat)

Eiswürfel

Zubereitung:

Blüten waschen, mit ¼ Tasse Wasser im Mixer zu einem Püree mixen und 15 Minuten ziehen lassen. Anschließend durch ein feines Sieb absieben und mit den restlichen Zutaten vermischen. In Gläsern mit Eiswürfeln servieren. Wenn Sie es süßer mögen, den Zuckersirup mit ½ Tasse Zucker im Verhältnis 1:1 herstellen.

Um Flüssigkeit zum Färben von Reis etc. herzustellen, einfach 12 getrocknete Blüten in eine Tasse kochendes Wasser geben und mindestens 15 Minuten ziehen lassen. Den richtigen Zeitpunkt kann man gut erkennen, da das Blau dann aus den Blüten ins Wasser übergeht.

Eine Tasse Tee erhält man, indem man 3 getrocknete Blüten 10 Minuten in heißem Wasser ziehen lässt und absieht.

Camambilarinde

Kamatsile /Ma kham khong, Ma kham thet /

มะขามเทศ

(bot. *Pithecolobium dulce*)

andere Namen: Manila-Tamarinde, Madrasdorn (engl. auch „blackbead", „sweet Inga", „monkeypod")

Der Baum kann bis zu 18 Meter hoch werden. Die Äste des Baumes sind mit scharfen Stacheln übersät. Die Samen sind von einem weißen, an Popcorn erinnernden Mantel, auch „pulp" genannt, umgeben, der essbar ist. Die Kerne und die Schale sind jedoch ungenießbar.

Kauft man die Früchte in Südostasien, werden sie meistens in einen Plastikbeutel gepackt. Aus diesem sollten sie schnellstens wieder herausgenommen werden, da die Früchte wegen der hohen Luftfeuchtigkeit schnell schimmeln.

Camambilarinde spielt eine große Rolle in der Alternativmedizin in Südostasien. In der Arzneimittelgeschichte stößt man immer wieder auf die Camambilarinde.

Drachenfrucht
Dragon fruit / Kaew Mang-korn / แก้วมังกร

(bot. Hylocereus spp.)

andere Namen: Pitaya, Pitahaya, Rote Pitahaya, Distelbirne, Waldkaktus, Königin der Nacht (engl. „Belle of the Night")

Die an einem Kaktus wachsenden, essbaren Drachenfrüchte sind für uns Europäer auf den Märkten Asiens ein echter Hingucker. Sie sind ganzjährig verfügbar, und es gibt pinke und gelbe Sorten. Die gelben sind wesentlich teurer als ihre pinken Verwandten, da sie viel seltener zu finden sind. Die pinken gibt es übrigens mit rotem und weißem Fruchtfleisch. Die bis zu zwölf Zentimeter großen Früchte wachsen an einer weit verzweigten, strauchigen Pflanze, die ähnlich wie bei manchen Orchideen Luftwurzeln bilden und bis zu zehn Meter groß werden können.

Zum Verzehr am besten die Enden abschneiden, die Frucht vierteln und schälen. Das Fruchtfleisch danach in Scheiben oder Stücke schneiden. Eine andere Möglichkeit ist, die Frucht zu halbieren und das Fruchtfleisch auszulöffeln. Bei exakter Reife kann die Frucht auch wie eine Orange geschält werden. Das Fruchtfleisch ist von vielen kleinen, essbaren Kernen durchsetzt und schmeckt süßlich und erfrischend, aber abgesehen vom Aussehen der Frucht eher unspektakulär. Drachenfrüchte werden in vielen besseren Hotels in Südostasien als Dekoration von Buffets verwendet. In einem Müsli sorgt die Frucht für eine willkommene Abwechslung.

Goldpflaume
Ambarella / Ma Kok Nam / มะกอกน้ำ

(bot. Spondias dulcis)

Andere Namen: Ambarella, Tahiti-pflaume, Goldene Balsampflaume

Der Baum kann gut 10 Meter hoch werden, und die Früchte reifen während des ganzen Jahres.

Goldpflaumen werden geschält und ohne Kern gegessen. Das Fruchtfleisch kann vom Kern geschnitten oder gebissen werden. Der Kern ist ungenießbar! Reife Früchte haben eine gelb-orange bis braune Farbe mit braunen Flecken. Unreife Früchte sind hell- bis dunkelgrün. Das reife Fruchtfleisch ist

weiß bis milchig gelb, saftig und erinnert vom Geschmack her etwas an Ananas. Die Haut ist relativ dick und etwas mühsam zu schälen.

In manchen Regionen Südostasiens werden die Blätter des Baumes auch als saures Gewürz verwendet.

Granatapfel
Pomegranate / Thap-thim / ทับทิม

(bot. Punica granatum)

anderer Name: Grenadine

Die apfelgroße Frucht gibt es mit gelb-brauner bis dunkelroter Schale. Granatäpfel sind ganzjährig verfügbar. Der Baum kann bis zu fünf Meter hoch werden, wird aber oft als Strauch kultiviert. Wenn er dann voll mit roten Granatäpfeln hängt, hat das etwas von einem orientalisch anmutenden Christbaum.

Zu Verzehr am besten die Frucht halbieren und das Fruchtfleisch mit den essbaren Kernen auslöffeln oder die Frucht auspressen, um den Saft zu gewinnen. Das Fruchtfleisch erinnert vom Geschmack und vom Aussehen her etwas an Johannisbeeren. Wer einmal die Gelegenheit hat, Granatäpfel frisch vom Baum zu ernten, sollte sich solche mit kleinen Rissen in der Schale aussuchen, denn nur diese sind vollreif. Die Zwischenhäute und die Schale sind nicht essbar.

Der Saft wird am besten mit einer Zitronenpresse ausgepresst, wobei ein Granatapfel etwa eine halbe Tasse Saft ergibt. Aber Vorsicht: Die Fruchtflecken auf Textilien lassen sich so gut wie nicht entfernen – kein Wunder, da sich besonders in der Schale Gerbsäure befindet und im Orient sogar Teppiche und Wolle damit gefärbt werden. Frisch gepressten Saft aus Granatäpfeln findet man in Südostasien auf so gut wie jedem Markt. Allerdings sollte man dort etwas aufpassen: Mangelnde Hygiene und das Waschen mit normalem Leitungswasser können schnell dafür sorgen, dass Europäer ein paar Tage mit Magen-Darm-Problemen zu kämpfen haben.

Man kann mit Granatäpfeln köstliche Nachtische kreieren, zum Beispiel das Fruchtfleisch auf kleine Schälchen verteilen und mit Cognac oder Zitronensaft aromatisieren. Auch mit Rot- oder

Weißwein übergossen und kaltgestellt ergeben sie ein herrlich frisches Dessert. Es können außerdem Blattsalate mit dem Fruchtfleisch garniert werden. Die leichte Säure des Granatapfels verträgt sich gut mit ihnen.

Bei den Chinesen gilt der Granatapfel wegen seiner großen Anzahl von Kernen als Fruchtbarkeitssymbol. In Europa wiederum findet man in den Kirchen immer wieder Gemälde, in denen ein Engel oder ein Heiliger einen Granatapfel in der Hand hält. Die Frucht hat also eine starke Symbolik, und das religionsübergreifend: Man findet die Frucht im Koran ebenso wie in der Bibel oder in der griechischen Mythologie.

Guave (Echte Guave)
Common guava / Farang / ฝรั่ง

(bot. Psidium guajava)

andere Namen: Guava, Guayave, Goyave, Guayaba, Goiaba

Guaven erinnern vom Aussehen her etwas an Quitten, sie können allerdings rund wie Äpfel oder auch leicht birnenförmig sein. Sie wachsen an einem immergrünen Baum / Strauch, der bis zu 13 Meter hoch werden kann und dessen Blätter und Rinde zur Herstellung von Medikamenten verwendet werden. Die Früchte sind ganzjährig verfügbar.

Die perfekte Reife zum Verzehr haben Guaven, wenn sie einen aromatischen Duft ausströmen und die Schale auf leichten Fingerdruck nachgibt. Essen kann man die ganze Frucht. Aber man sollte vorsichtig mit den Kernen sein, sie sind sehr hart und manchmal auch scharfkantig, und man kann sich Zähne und Zahnfleisch damit verletzen.

Die Frucht waschen, in Schnitze schneiden und mit etwas Limettensaft oder Zucker genießen. Diese Art, Guaven zuzubereiten, hat einen weiteren Vorteil, denn die Frucht ist nicht selten von Maden bewohnt, die man so schnell ausfindig macht. Das Fruchtfleisch ist je nach Sorte weißlich oder rosa bis lachsfarben. In einer Publikation stand einmal, dass man sich wundern muss, dass man Guaven auf Grund ihres hohen Vitamin-C-Gehaltes ohne Rezept kaufen kann. In der Tat ist die Menge an Vitamin C etwa viermal so hoch wie bei Orangen.

Wenn Sie einmal die Gelegenheit haben,, eine Guaven-Plantage zur Blütezeit zu besuchen, nutzen Sie sie. Die Blüten sind wunderschön.

Indische Stachelbeere
Indian gooseberry / Ma Kham Pom / มะขามป้อม

(bot. Phyllanthus emblica)

andere Namen (für Frucht und Baum): Myrobalanenbaum, Myrobalan, Amla, Amlabaum, Verjüngungsfrucht, Amalaki, Nelli

Die Indische Stachelbeere zählt zu den ältesten und bekanntesten Früchten im asiatischen Raum. Der Baum kann bis zu 18 Meter hoch werden, und der Stamm hat zum Teil interessante krumme Formen.

Der Geschmack der Frucht ist sauer, etwas bitter und zusammenziehend. Meistens wird die Frucht in Gerichten wie Chutneys, vegetarischen Gerichten, Säften oder Marmeladen verwendet. Die Früchte werden auch getrocknet angeboten.

In der ayurvedischen Medizin zählt die Indische Stachelbeere zu den wichtigsten Zutaten überhaupt. Sie soll die körpereigenen Abwehrkräfte erhöhen, fiebersenkend, antibiotisch und verdauungsfördernd wirken (um nur eine kleine Auswahl zu nennen). Außerdem gilt die Frucht als Aphrodisiakum. Das Altern der Haut und das Ergrauen der Haare soll mit dem Verzehr der Frucht hinausgezögert werden, womit die Frucht zugleich als wichtiges Verjüngungsmittel gilt.

Als Fazit kann man mittlerweile sagen, dass die Frucht sehr gut erforscht ist und einige Heilerfolge belegt sind. Dass man aber, wenn man reichlich Indische Stachelbeeren verzehrt, in eine Art Jungbrunnen fällt, bleibt wohl dennoch Wunschdenken. Die Geschichten rund um die Frucht haben dazu geführt, dass um sie herum ein großer Markt entstanden ist. Man kann über Chutneys bis zum Haaröl jede Menge

Rezepte finden, in denen die Indische Stachelbeere verarbeitet wurde. Nur frische Früchte findet man außerhalb Asiens nirgends.

Jackfrucht

Jackfruit / Kanoon / ขนุน

(bot. Artocarpus heterophyllus)

andere Namen: Jackbaumfrucht, Jakobsfrucht

Der Jackfrucht wird nachgesagt, die größte an Bäumen wachsende Frucht zu sein. Einzelne Früchte können durchaus bis zu 50 Kilogramm schwer und 90 Zentimeter lang werden. Auf Grund der enormen Größe der Frucht ist es am besten, die Frucht mit einem großen Sägemesser in zwei Hälften zu teilen und die Fruchtstücke, die man in den Kammern im Inneren auffindet, mit der Hand herauszunehmen.

Die weißen Zellwände sind nicht essbar. Das hellgelbe Fruchtfleisch ist feinfaserig und schmeckt angenehm süß. Der Geschmack erinnert etwas an Feigen. Die ca. zwei bis drei Zentimeter großen Samenkerne sind essbar, müssen aber zuvor gekocht werden. Anschließend kann man sie rösten; sie haben dann etwas von Esskastanien. Auf den Märkten Asiens werden selten komplette Früchte verkauft, was auch ohne 20-köpfige Familie daheim keinen Sinn machen würde, sondern einzelne Segmente, abgepackt in Schalen. An der Sonne getrocknete Früchte werden als Jackfrucht-Chips angeboten.

Der immergrüne Jackfruchtbaum selbst kann übringens stattliche 20 Meter hoch werden, und sein Holz wird zur Herstellung von Musikinstrumenten verwendet.

Vorsicht: Beim Anschnitt läuft eine extrem klebrige milchige Flüssigkeit aus, die sich mit Wasser und Seife nicht abwaschen lässt. Auch aus Textilien bekommt man diesen Saft nicht mehr heraus. Einmalhandschuhe erfüllen beim Zerlegen der Frucht einen guten Zweck. Die Jackfrucht ist das ganze Jahr verfügbar.

Jujube
Jujube / Phutsa / พุทธราใหญ่

(bot. Zizyphus jujuba bzw. *Ziziphus mauritiana)*

andere Namen: Indische Jujube, Filzblättrige Brustbeere bzw. Jujube, Chinesische Dattel, Rote Dattel, Azufaifa

In Thailand gibt es zwei verschiedene Arten von Jujube oder „Phutsa", wie sie die Einheimischen nennen. Die kleinen *(Z. jujuba)* sind etwas größer als Kirschen, und die zweite Sorte *(Z. mauritiana)* hat die Größe eines kleineren Apfels.

Phutsa gelten als wichtige Energielieferanten, sollen das Immunsystem stärken und vor allem bei Bluthochdruck und Herzerkrankungen präventiv wirken. Die Frucht kann wie Äpfel mit Schale verzehrt werden. Der Kern sollte nicht gegessen werden. In manchen Regionen werden die Samen getrocknet und zu Pulver verarbeitet, das gegen Ermüdung helfen soll.

Aus den Blättern des Baumes wird ein Sud hergestellt, der gegen Asthma hilft. Diabetiker sollten die Frucht wegen ihres hohen Zuckergehaltes nur in kleinen Mengen essen. Phutsa sind das ganze Jahr verfügbar. Der Baum kann bis zu zehn *(Z. jujuba)* bzw. 15 *(Z. mauritiana)* Meter hoch werden.

Kakipflaume
Persimmon / Plapchin / พลับ-จีน

(bot. Diospyros kaki)

andere Namen: Dattelpflaume, Kou-shu-Hyakume, Honigapfel, Persimo-ne, Sharonfrucht

Die Kaki schaut ein wenig aus wie die orange Version einer großen Tomate. Mittlerweile findet man einige Zucht-formen, die sich in Form und Farbe unterscheiden. Eine reife Frucht kann wie ein Apfel mit der Schale gegessen oder halbiert ausgelöffelt werden. Manche Sorten haben jedoch eine di-cke, ungenießbare Schale. Der Baum kann bis zu zehn Meter hoch werden. In Südostasien findet man reife Früch-te von Anfang Oktober bis Ende No-vember.

Kamias
Camias / Ta Ling Pling / ตะ-ริง-ปิง

(bot. Averrhoa bilimbi)

andere Namen: Malingpling, Bilimbi

Kamias wachsen an einem bis zu 15 Meter hohen Baum, dem so genannten Gurkenbaum, und können acht bis zehn Zentimeter groß werden. Die fünfkantigen Beeren sind eier- oder walzenförmig. Die extrem sauren Früchte stammen aus derselben Familie wie die Sternfrucht.

Kamias behalten auch bei voller Reife ihre grüne Farbe. Roh werden sie selten gegessen, und wenn, dann mit einem Dip aus Zucker und /oder Chili. Gekocht werden sie zu Chutney in Currys, zu Sirup oder zu Saft verarbeitet. Der Saft, sehr stark mit Wasser verdünnt, plus Eiswürfel und Zucker, ergibt einen erfrischenden Drink. Überreife Früchte nehmen schnell einen fauligen Geruch an.

Wenn Sie durch Thailand reisen und nach „Ta Ling Pling" fragen, kann es übrigens gut sein, dass Sie nur Kopfschütteln ernten. Selten hat der Autor erlebt, dass eine Frucht so viele unterschiedliche Namen hat.

Verantwortlich für die extreme Säure ist ein hoher Oxalsäuregehalt. Mit diesem Wissen kann man die Früchte auch halbieren und die Schnittflächen dazu verwenden, Rostflecken zu entfernen, indem man diese einfach damit einreibt. Der Sirup soll außerdem gegen Husten helfen.

Karambole

Starfruit / Ma Fuang / มะเฟือง

(bot. Averrhoa carambola)

andere Namen: Sternfrucht, Karambola, Baumstachelbeere

Karambolebäume werden im Schnitt ca. zehn Meter hoch, es gibt aber auch Ausnahmen, die 20 bis 30 Meter Höhe erreichen.

Die Früchte sind reif, wenn das Fruchtfleisch nicht mehr grün, sondern bernsteinfarben ist. Färbt sich die Schale an den Kanten bräunlich, hat die Frucht den besten Reifezustand erreicht. Karambolen können wie Äpfel mit der Schale und den Kernen verzehrt werden. Ihr Geschmack ist eine Mischung aus Äpfeln, Quitten und Stachelbeeren. Schneidet man die Früchte auf, so erhält man dekorative Sterne, die hervorragend zum Garnieren von Longdrinks, Obstsalaten oder Kuchen geeignet sind. Die Früchte sind ganzjährig verfügbar.

Es gibt mittlerweile auch Hybriden der Karambole zu kaufen, die im Gegensatz zur Originalfrucht nicht säuerlich, sondern süß schmecken, und deshalb auch „Honig-Sternfrucht" genannt werden.

Kokosnuss

Coconut / Má-práao / มะพร้าว

(bot. Cocos nucifera)

Wenn man bei Globetrottern Fernweh wecken möchte, dann geht das in den meisten Fällen kaum besser als mit Bildern von mit Kokospalmen gesäumten Sandstränden. Schließlich gilt die Kokospalme wie keine andere Pflanze als Synonym für Urlaub, Südsee, Badespaß und Fernreisen. Auch in zahlreichen Werbespots dient die Kokospalme als Kulisse. Ob Seifen, Autos oder Gartenmöbel: Alles Mögliche wird mit Hilfe der Kokospalme beworben.

Statistiken zu glauben ist eine Sache für sich, und es gibt Statistiken, die sagen, dass in Thailand jedes Jahr ca. 80 Personen von herabfallenden Kokosnüssen tödlich verletzt werden. Einmal abgesehen von dieser unliebsamen Nebenerscheinung gibt es wohl nicht viele Pflanzen, bei denen wirklich alles verwertbar ist. Die Kokospalme ist mit Sicherheit eines der wertvollsten Gewächse in Südostasien!

Die Kokospalme kann bis zu 30 Meter hoch werden. Der Baum trägt bei günstigen Bedingungen ab seinem sechsten oder siebten Lebensjahr Früchte. Über das Jahr verteilt wachsen im Durchschnitt 60 Kokosnüsse an einer Palme, und das etwa 60 Jahre lang. Die Kokosnuss ist eine Steinfrucht und keine Nuss, wird als grüne, unreife Frucht geerntet und kann bis zu 2.500 Gramm wiegen. Kokosnüsse reifen nach der Ernte nach.

Neben Kokoswasser, Kokosmilch und Kokosnusscreme liefert die Kokospalme noch weitere Lebensmittel, wie Palmschnaps, Palmfett, Kokosöl, Kokosflocken, Palmzucker, Palmhonig und Palmessig.

Kokosmilch
Coconut milk /
Hang Gati /
หาง. กระ.ทิ

Kokosmilch wird aus dem Frucht-fleisch hergestellt, indem dieses zuerst geraspelt und dann auspresst wird. Wenn Kokosmilch länger steht, trennen sich der Wasser- und der Fettanteil auf natürliche Weise, deshalb sollte sie vor Verwendung geschüttelt werden. Kokosmilch findet sehr oft Verwendung in der thailändischen Küche, zum Beispiel bei der Königin der Suppen, Tom Kha Gai, auf Seite 184.

Kokosnusscreme
Coconut cream /
Hua Gati /
หัว. กระ ทิ.

Kokosnusscreme ist Kokosmilch sehr ähnlich, enthält aber weniger Wasser. Bei Rotem und Grünem Curry (Seite 150 und 146), bei dem Curry-Nudel-Gericht Khao Soi auf Seite 178 und überall, wo eine etwas dickere Konsistenz der Sauce gewünscht wird, kommt sie zum Einsatz.

Kokoswasser
Coconut water /
Nam Gati /
น้ำ. กระ ทิ

Im Inneren der noch grünen Kokosnuss befindet sich bis zu ein Liter Kokoswasser (je reifer die Frucht, desto weniger wird es). Das völlig keimfreie Kokoswasser wird in den Tropen gerne als Erfrischungsgetränk verkauft bzw. als Wasserersatz genutzt. Viele Menschen verwechseln Kokoswasser übrigens gerne mit Kokosmilch.

Kaschuapfel
Cashew apple / Mammuang Him Ma Phan /
มะม่วงหิมพานต

(bot. Anacardium occidentale)

andere Namen: Westindische Merknuss („Frucht" bzw. Fruchtstiel); Kaschunuss, Cajunuss („Nuss" bzw. Frucht); Kaschubaum, Acajoubaum, Nierenbaum (Gewächs)

Der Kaschuapfel ist eine Frucht, die an sich gar keine Frucht ist. Beim Kaschuapfel handelt es sich nämlich nicht um eine fortpflanzungsfähige Frucht im herkömmlichen Sinne, sondern um deren verdickten Fruchtstiel. Die eigentliche Kaschuafrucht hängt am Apfel herab, und in ihr wiederum befindet sich als Fruchtkern die bei uns fälschlicherweise so genannte Kaschunuss. Der immergrüne Baum, an dem der Kaschuapfel wächst, kann bis zu 15 Meter hoch werden, und Cashewplantagen sind in fast allen tropischen Regionen Asiens anzutreffen.

Der Kaschuapfel ist extrem druckempfindlich, kann deshalb nicht gelagert oder transportiert und folgerichtig nur an Ort und Stelle verzehrt werden. Die rot-gelbe „Frucht" schmeckt süß-säuerlich und wird mit dem Geschmack eines Apfels verglichen. Die Schale kann mitgegessen werden, aber Vorsicht: Man sollte zuvor am Stiel und am Ansatz des Kerns eine Scheibe abschneiden, da diese giftig sind und schwere Verätzungen auf den Schleimhäuten verursachen können. Ebenso sollte man mit dem Saft des Apfels vorsichtig sein, denn die Flecken halten sich hartnäckig auf der Kleidung. Auch die Kerne sind direkt unter der Schale von einer giftigen Substanz umgeben, dem Cardol. Erwähnenswert ist der hohe Vitamin-

C-Gehalt der Kaschuäpfel, der deutlich höher ist als bei Orangen.

Wer in Europa Cashewkerne kauft, wird leider feststellen, dass sie zu den teuersten „Nüssen" überhaupt zählen. Das ist darauf zurückzuführen, dass pro Apfel nur ein Kern wächst und nach der Ernte die Schale entfernt und der Kern zur Beseitigung des Giftes erhitzt werden muss. Die Schale wird durch kurzes Abflammen gelöst, oder der Kern wird kurz geröstet. Dabei gehen jedoch leider die Rohkostqualitäten verloren. Mittlerweile gibt es aber auch Produzenten, bei denen die Kerne von Hand verarbeitet werden und die Rohkostqualität erhalten bleibt. Cashewkerne, die auf diesem Wege geerntet wurden, sind gesünder, aber auch kürzer haltbar. Cashewkerne können beispielsweise in Massaman-Curry (Seite 148) oder auch in pfannengerührten Gerichten (Seite 158) verwendet werden. Der Verzehr der mineralstoffreichen Cashewkerne soll übrigens in Verbindung mit Vitamin B6 auch vor Depressionen schützen.

Die Cashewfrucht liefert neben dem Apfel und dem Kern auch noch das giftige, im mittleren Teil der Fruchtwand befindliche Cashewschalenöl. Dieses wird zu technischen Harzen und hitzeresistentem Gummi verarbeitet, findet aber auch medizinisch Verwendung.

Aufgrund der größeren kommerziellen Bedeutung der Frucht und ihrer Inhalte sowie der genannten Probleme bei Lagerung und Transport verrottet der Kachuaapfel leider in den meisten Fällen ungenutzt auf den Plantagen, da für die Weiterverarbeitung zu köstlichem Saft, Marmelade, Essig oder Wein die Infrastruktur fehlt.

Kaschukerne / Cashew nuts / Med Mamuang / มะม่วงหิมพานต์

Limette (Echte Limette)
Lime / Manao / มะนาว

(bot. Citrus x aurantiifolia)

andere Namen: Saure Limette, Mexikanische Limette

Der bis zu fünf Meter hohe Limettenbaum trägt, wenn ihm seine Lage gefällt, das ganze Jahr über Blätter, Blüten und Früchte. Der Fruchtsaft von Limetten wird in der thailändischen Küche unter anderem zum Würzen der Salate Laab Gai (Seite 140) und Nam Tok Moo (Seite 142) sowie Suppen und Saucen verwendet. Bestellt man Limettensaft in einem Restaurant, kann es gut sein, dass das Getränk mit Zucker und Salz versetzt wird und somit für uns etwas seltsam schmeckt. Limetten enthalten übrigens mehr Saft als Zitronen.

Kaffirlimette

Kaffir lime / Makrut / มะกรูด

(bot. Citrus hystrix)

andere Namen: Kaffernlimette, Papeda, Citron combara (franz.)

Im Gegensatz zum normalen Limettenbaum wird der Baum der Kaffirlimette bis zu 15 Meter groß. Die kleinen Früchte haben relativ wenig Fruchtsaft, der auch noch etwas bitter schmeckt. Dennoch hat diese Pflanze eine große Bedeutung in der thailändischen Küche.

Kaffirlimettenblätter

Kaffir lime leaves / Bai Makrut /
ใบมะกรูด

Kaffirlimettenblätter gehören zu den wichtigsten Zutaten in der thailändischen Küche. Sie werden unter anderem in scharfen Thai-Suppen und -Currys verwendet, entweder im Ganzen gekocht und / oder fein zerkleinert und vor dem Servieren hinzugefügt.

Kaffirlimettenschale

Kaffir lime peel / Luk Makrut /
ลูก มะกูด.

Kaffirlimettenschale ist kleingehackt ein wichtiger Bestandteil vieler Currypasten (Seite 144 und 145).

Duku
Duku / Long Gong / ลองกอง

(bot. Lansium domesticum)

weitere Varietäten: Dongkong, Langsat, Lansibaum

Dukus sind in Europa kaum bekannt. Ihr immergrüner Baum kann bis zu 15 Meter hoch werden. Die Dukus wachsen daran in Trauben. Die Früchte haben einen Durchmesser von ca. drei Zentimetern und sind im Inneren in fünf bis sechs Segmente unterteilt. In einigen der Segmente befinden sich Kerne, die ebenso wie die Schalen nicht verzehrt werden sollten. (Zu beachten ist übrigens, dass es in Südostasien zahlreiche Früchte gibt, die ähnlich aussehen und schmecken und somit leicht mit Dukus verwechselt werden können.)

Die Frucht kann problemlos mit den Fingern geschält werden, und die Segmente lassen sich leicht voneinander lösen. Duku schmeckt erfrischend süß-sauer und erinnert etwas an Grapefrucht. Sie wird mit Zucker auch zu Gelee und Fruchtsaft verarbeitet und in Asien außerdem oft und gerne zum Nachtisch serviert. In Thailand werden

Frucht, Blätter, Rinde und Samen darüber hinaus für medizinische Zwecke verwendet.

Longan
Longan / Lamyai / ลำไย

(bot. Dimocarpus longan)

andere Namen: Lingkangfrucht, Drachenauge, Katzenauge

In Thailand gibt es zwei unterschiedliche Sorten von Longan. Die eine wird im kühleren Norden und die andere im Süden in der Region rund um Chanthaburi angebaut. Sie unterscheiden sich geschmacklich jedoch kaum.

Der Longanbaum, aus dessen rötlichem Holz sich – nebenbei bemerkt – auch wunderschöne Möbel herstellen lassen, kann stolze 40 Meter hoch werden. Die gelblich-braunen, mitunter auch ins Gräuliche gehenden Früchte haben zwar nur ungefähr die Größe einer Cocktailtomate. Dafür wachsen sie durchaus üppig, und auf Plantagen ist es nicht selten der Fall, dass die mit Longans vollgepackten Äste gestützt werden müssen, damit sie unter der Last nicht abbrechen.

Longans kann man sehr leicht schälen, indem man sie etwas mit den Fingern zusammendrückt. Die nicht essbare Schale lässt sich dann leicht vom Fruchtfleisch lösen. Das Fruchtfleisch erinnert vom Aussehen etwas an Litschis, hat aber einen eigenen, süß-saftigen Geschmack. Im Inneren befindet sich ein harter Kern, der sich ebenfalls leicht vom Fruchtfleisch lösen lässt und nicht gegessen werden sollte.

Die Früchte werden auch in süß-sauren Speisen, als Dessert oder getrocknet als Snack gegessen. Aus getrockneten Früchten wird außerdem Tee zubereitet. In Europa findet man die Früchte in Dosen eingemacht; sie haben dann aber leider geschmacklich mit einem frischen Exemplar nicht mehr viel gemeinsam.

Litschi

Lychee / Lin chi / ลิ้นจี่

(bot. Litchi chinensis)

andere Namen: Litschipflaume, chinesische oder japanische Haselnuss, Liebesfrucht

Litschis gehören zu den Früchten, die mittlerweile auch in Mitteleuropa Einzug in die Frischobstabteilungen der Supermärkte gehalten haben. Sie wachsen an einem Baum, der durchschnittlich zehn bis zwölf, selten auch bis 20 Meter hoch wird und seinerseits ein teuer gehandeltes, da als nahezu unverwüstlich geltendes Holz liefert. Die Früchte hängen in lockeren Fruchtständen. Die kleine Litschifrucht hat eine rötliche, reptillienpanzerartige Schale, die sich aber leicht wie bei einem gekochten Ei entfernen lässt. Die Schale und der dunkle Kern

im Inneren sind nicht essbar. Litschis sollten reif mit rötlicher Schale geerntet werden, da sie nicht mehr nachreifen. Wenn sich die Schale bräunlich verfärbt hat, ist vom Kauf abzuraten, da sie dann überreif sind.

Roh verzehrt, sind die reifen Früchte sehr erfrischend. Das Fruchtfleisch

schmeckt süß-säuerlich nach einer Mischung aus Weintrauben, Rosen und Sauerkirschen. Sie eignen sich gut in Obstsalaten, in Cocktails, als Kompott, in Marmeladen und zahlreichen Süßspeisen oder Backwaren. Litschis kann man zudem, sollten sie frisch nicht zur Verfügung stehen, auch problemlos in Dosen kaufen, da die Qualität meistens sehr gut ist. In Bangkoks Chinatown findet man außerdem getrocknete Früchte zum Kauf, die geschmacklich an unsere Rosinen erinnern.

Auf vielen Litschiplantagen in Asien werden übrigens Bienenvölker gehalten, die für eine reichliche Ernte sorgen und noch dazu einen vorzüglichen Honig produzieren.

Mandarinen
Tangerines / Som Gin / ส้ม จีน

(bot. Citrus myrtifolia und *C. chinensis)*

Die weltweite Bandbreite an Zitruspflanzen (Citrus) ist gewaltig und würde ohne Weiteres ein eigenes Buch füllen. Ob Mandarinen, Satsumas, Clementinen, Tangerinen, Tangelos oder Tangors, es gibt rund 40 Arten alleine von diesen kleinen Vertretern.

Ihre Bäume sind klein und werden meistens nicht mehr als drei Meter hoch.

Interessant für uns Europäer sind die kleinsten Früchte, die gerade einmal halb so groß wie ein Zahnstocher sind und wegen ihrer großen Nachfrage zusätzlich noch aus China importiert werden. Kein Wunder, denn geschmacklich kann man diese Zwerge nicht mit denen vergleichen, die es in Europa auf die Ladentheken schaffen. Sie sind saftig und süß, mit einem sehr intensiven Mandarinen-Geschmack, eine richtige Delikatesse. Sie sind leicht zu schälen. Beim Kauf sollte darauf geachtet werden, dass sie noch fest sind und sich nicht zu viel Luft zwischen Schale und Fruchtfleisch befindet.

Mango
Mango / Ma Muang / มะม่วง

(bot. Mangifera indica)

Die Mango ist eine der beliebtesten Früchte in Thailand. Die Möglichkeiten, Mangos zu verzehren, sind mannigfaltig. So wird sie beispielsweise reif mit Klebreis oder auch grün genossen, gerne mit einer Zucker-Salz-Gewürzmischung oder angemacht als Salat auf einem gebratenem Fisch. Gedörrt gibt es sie als Mango-Chips, eingemacht als Mango-Chutney, außerdem wird sie zu Süßigkeiten, Gelee oder Marmelade verarbeitet, zum Dessert gereicht, zu Saft gepresst oder unreif als Gemüse gedünstet.

Der immergrüne Baum, dessen weiches Holz gerne für Schnitzereien genutzt wird, kann majestätische Ausmaße von bis zu 45 Metern Höhe erreichen. Mangobäume sind daher beliebte Schattenspender in Parkanlagen. Je nach Sorte ist eine einzelne Frucht 5 bis 20 Zentimeter groß und meist länglich oval bis nierenförmig. Das Farbspektrum der Schale reicht von grün-gelb bis rot-orange. Die Farbe der Frucht hat nichts mit dem Reifezustand zu tun. Wenn die Frucht einen intensiven Duft ausströmt und die Schale auf leichten Fingerdruck nachgibt, ist sie reif. Dunkle Flecken auf der Schale sind ein Zeichen von hoher Reife. Die Frucht ist dann etwas weicher und kann halbiert gut mit einem Löffel gegessen werden.

Der Geschmack erinnert etwas an Pfirsich, wobei durch Züchtungen eine unüberschaubare Anzahl an Sorten und Variationen entstanden ist. Es soll mittlerweile über 1.000 Mangosorten geben, die sich natürlich auch im Geschmack unterscheiden. Die Blüten des Baumes sind ebenfalls essbar; die Kerne der Frucht werden in manchen Regionen geröstet und zu Pulver verarbeitet als Medizin gegen Husten, Rheuma und jede Menge anderer Wehwehchen angewandt.

Vorsicht: Der Verzehr von Mango verträgt sich nicht mit gleichzeitigem Alkoholkonsum – das kann zu Magenbeschwerden führen. Der Saft der Frucht hinterlässt schwer zu entfernende Flecken auf Tischdecken, Servietten und Kleidung.

Maprang

Plum mango / Ma Yo Chai Ma Praang / มะยงชิด มะปราง

(bot. Bouea macrophylla)

andere Namen: Gandaria, Mari-an(pflaume), Mangopflaume

Die nahe Verwandte der Mango mit saftigem, süß-sauren Fruchtfleisch ist ausschließlich in Thailand, Malaysia und Indonesien zu finden. Das orangefarbene Fruchtfleisch ist fest durch Fasern mit dem Kern verwachsen. Der Kern ist ebenfalls essbar.

Eine reife Frucht erkennt man an ihrer leuchtend orangen Farbe. Sie sollte auf Druck nachgeben. An dem 10 bis 27 Meter hohen Baum ist die Frucht erst grün, dann gelb und schließlich orange. In Thailand ist sie von Februar bis April auf den Märkten zu finden.

Aus Maprang kann man hervorragende Chutneys, Marmeladen oder Getränke herstellen, aber auch zum Rohverzehr ist sie eine willkommene Abwechslung auf dem Obstteller. Die einzelnen Früchte sind von der Größe mit unseren Pflaumen vergleichbar

(3,5 bis 6,5 Zentimeter). Man sollte sich von dem Geruch der Früchte, der an Terpentin erinnert, übrigens nicht abschrecken lassen.

Mangostin
Mangosteen / Mang Kut / มังคุด

(bot. Garcinia mangostana)

andere Namen: Mangostane, Mangostan

Der immergrüne Mangostanbaum kann bis zu 25 Meter hoch werden. Er wächst sehr langsam, und bis ein frisch gepflanzter Baumfrüchte trägt, können durchaus zwölf Jahre vergehen. Dafür kann ein ausgewachsener Baum bis zu 2.000 Früchte tragen. Die Früchte sind meistens im November und Dezember auf den Märkten zu finden. Typisch für Mangostan sind die vier dicken fleischigen Blätter am Stil der Frucht und die Griffelnarben auf der gegenüberliegenden Seite.

Um an das Fruchtfleisch zu kommen, muss man sich durch eine 6 bis 9 Millimeter dicke Schale arbeiten. Dazu schneidet man die Frucht am besten quer an und klappt dann die beiden Hälften auseinander. Mangostan zählt zu den wohlschmeckendsten Früchten Südost-Asiens. Das weiße Fruchtfleisch ist angenehm säuerlich im Geschmack und erinnert an eine Mischung aus Pfirsich und Trauben. In einer Frucht können bis zu acht Segmente mit Fruchtfleisch enthalten sein.

Früchte, deren Samenmäntel eine gelbe Färbung aufweisen, sind verdorben und dürfen nicht mehr gegessen werden. Die Schale und die Fruchtwände sind nicht essbar. Auch die Kerne der

Frucht gelten als ungenießbar, werden aber in manchen Regionen geröstet oder gekocht verzehrt.

In der Volksmedizin spielt die Pflanze eine große Rolle. So sollen die Früchte gegen Fieber, Entzündungen der Harnwege, gegen Durchfall, Malaria oder andere Infektionen helfen. Es gibt mittlerweile auch zahlreiche Studien über mögliche Wirkungen von Mangostanprodukten bei der präventiven Krebsbehandlung, zur Stärkung des Immunsystems und vielem mehr.

Am besten ist es, die Frucht auf einem asiatischen Markt zu kaufen und frisch zu verzehren oder ein leckeres Dessert daraus zu zaubern.

Noni

Noni / Rau Eua / ลูก ยอ

(bot. Morinda citrifolia)

andere Namen: Indischer Maulbeerbaum, Cheesefruit (Käsefrucht)

Bei dieser Frucht scheiden sich die Geister. Die einen behaupten, die Frucht habe viele gesundheitsfördernde und heilende Eigenschaften, bis hin zu Aussagen, Nonisaft könne Krebsleiden, Aids, Herz-und Kreislauferkrankungen, Drogenabhängigkeit und Depressionen heilen. Die andere Fraktion hält dagegen, dass es für alle diese Wirkungen keinen einzigen wissenschaftlichen Beleg gebe.

Fakt ist, dass die meisten Noniprodukte wie Nonikapseln, Nonitee, Noniblätter oder -fruchtextrakt in der EU nicht verkauft werden dürfen. Bei den wenigen Produkten, die zugelassen sind, wurde den Herstellern verboten, Heilaussagen in irgendeiner Form bei der Werbung für das Produkt zu machen.

Wer für das Verbot verantwortlich ist, kann der Autor dieses Buches nur sehr schwer einschätzen. Jeder kann sich aber gut vorstellen, dass, wenn Noniprodukte wirklich Krebs heilen könnten, unsere Pharmakonzerne daran wenig Interesse haben dürften, da ja ihre Gewinne um Milliarden zurückgehen würden. Die Lobbyisten in der EU würden Wege und Mittel finden, dies zu verhindern.

Scharlatane werden, wenn es um Noni geht, auf beiden Seiten zu finden sein, und eine Flasche Nonisaft für 30 bis 40 Euro ist für einen Fruchtsaft ein ziemlich hoher Preis.

Der Nonibaum kann über sechs Meter Höhe erreichen. Der immergrüne Baum trägt zwölf Monate lang Früchte.

Papaya

Papaya / Malakor / มะละกอ

(bot. Carica papaya)

andere Namen: Baummelone, Papaya-baumfrucht

Papaya wird unreif mit grüner Schale geerntet und braucht zum Nachreifen tropische Bedingungen wie hohe Luftfeuchtigkeit und hohe Temperaturen. Eine gelbliche Schale oder dunkle Flecken sind Zeichen von Reife. Je reifer eine Frucht, desto mehr lässt sie sich mit dem Daumen eindrücken. Das Fruchtfleisch ist dann orange bis rot und sehr saftig. Papaya sind ganzjährig verfügbar. Eine Frucht kann bis zu sechs Kilogramm Gewicht und eine Länge von 45 Zentimeter erreichen. Die Pflanze kann bis zu zehn Meter hoch werden.

Unreife Papaya werden in Thailand zu dem sehr beliebten Salat Som Tam verarbeitet oder als Gemüse zubereitet. Das reife Fruchtfleisch hingegen schmeckt süßlich mit wenig Säure, weshalb es vor dem Verzehr gerne mit Limettensaft beträufelt wird. Frisch gepresster Saft schmeckt lecker und

lindert Verstopfung. In Italiens Restaurants wird oft roher geräucherter Schinken mit Melonen angeboten. Diese können sehr gut durch Papaya ersetzt werden – eine leckere Vorspeise.

Der Papaya werden außerdem jede Menge gesundheitsfördernde Eigenschaften nachgesagt. So soll der Verzehr der Frucht dabei helfen, nach einer Antibiotika-Behandlung die Darmflora wieder herzustellen und bei einer Diät das Abnehmen beschleunigen. Außerdem werden Papayaextrakte in der Kosmetik verwendet, wie zum Beispiel in Anti-Falten-Creme (was bei uns die Gurkenmaske ist, ist in den Tropen die Papayamaske) oder als Shampoo gegen Kopfläuse. Das in der Papaya enthaltene Papain soll vor Entzündungen wie Magengeschwüren oder Rheuma schützen. Überdies gibt es etliche, zu unterschiedlichen Ergebnissen kommende Studien zum Thema „Papaya hemmt das Wachstum von Krebszellen". Erfahrene Globetrotter haben immer ein paar getrocknete Papayasamen dabei, denn die helfen bei Reisedurchfall in der Regel meistens schnell.

Der in Kambodscha produzierte, weltberühmte und sehr teure Kampot-Pfeffer wird nicht selten mit getrockneten Papayakernen gestreckt, da diese dem Pfeffer sehr ähnlich sehen. In der Tat kann man getrocknete Papayasamen auch als Pfefferersatz verwenden, dieser schmeckt dann ein wenig wie Kapuzinerkresse.

Passionsfrucht

Passion fruit / Saowaros / กะ-ตรก-รก

(bot. Passiflora edulis)

anderer Name: Maracuja

Bei der Passiflora edulis handelt es sich um eine immergrüne, verholzende Schlingpflanze, die 10 bis 15 Meter lang werden kann. Ihre Frucht hat ihren Namen wohl Missionaren zu verdanken, die in Form und Aussehen der Blüte den Leidensweg von Jesus hineininterpretiert haben. Passionsfrüchte sind das ganze Jahr erhältlich. Reife Früchte können im Gemüsefach des Kühlschranks etwa ein bis zwei Wochen gelagert werden.

Passionsfrüchte kauft man, wenn sie eine leicht schrumpelige, purpurne oder violett-farbige Haut haben.

Am besten isst man die Passionsfrucht, indem man sie auslöffelt. Dazu schneidet man die Frucht mit einem scharfen Messer in zwei Hälften. Die Samen können mitgegessen werden. Man kann auch köstliche Getränke und Eiscreme mit der Passionsfrucht herstellen.

Pomelo
Pomelo / Som-O / ส้มโอ

(bot. *Citrus maxima* oder *Citrus grandis*)

Pomelos gehören zu den größten Vertretern der Zitrusfrüchte. Pomelo ist ein Handelsname für verschiedene Sorten von Zitrusfrüchten, bei denen der Erbanteil der Pampelmuse größer ist als der der Grapefruit.

Chinesen glauben, der Verzehr dieser Frucht bringe Glück und Reichtum – nun, auf jeden Fall bringt das Essen dieser Frucht in Südostasien eine herzhafte, herrliche Erfrischung. Während sich in der Grapefruit der bittere Geschmack durchgesetzt hat, schmecken Pomelos eher fruchtig.

Pomelos können durchaus die Größe eines Fußballs erreichen und haben eine weißgelbe bis grünliche Schale. Das Fruchtfleisch ist hellgelb. Es gibt auch Sorten mit rotem Fruchtfleisch, diese stammen meistens aus Israel. Beim Kauf sollte darauf geachtet werden, dass die Früchte nicht zu leicht erscheinen. Angeschnittene Pomelos können sehr gut ein paar Tage im Kühlschrank gelagert werden.

Der hohe Vitamin-C-Gehalt, die wenigen Kalorien und die stoffwechsel-, verdauungs- und kreislauffördernde Wirkung der Pomelo machen sie auch sehr beliebt bei einer Diät.

Pomelos werden roh verzehrt; durch die sehr dicke Schale der Frucht verlangt es etwas Übung, um an das Fruchtfleisch zu gelangen. Am besten die äußere Schale mit einem scharfen Messer entfernen und die zweite Schale sternförmig einschneiden und aufklappen. Die einzelnen Segmente sollten von der dünnen, ledrigen Außenhaut befreit werden.

Die Frucht eignet sich auch prima für Obstsalate, Marmeladen und Eis. Frisch gepresst ergibt sie einen erfrischenden, süß-sauren Saft. Die Schale kann zum Würzen verwendet oder kandiert werden, wenn sie von unbehandelten Früchten stammt.

Rosenapfel

Rose apple / Chom Phu / ชมพู่

(bot. Eugenia Javanica Lamk)

andere Namen: Wachsapfel, Javaapfel, Glockenfrucht, Jambu

Rosenäpfel sehen von Weitem aus wie Blüten, wenn sie zahlreich an den großen, bis zu zwölf Meter hohen Bäumen hängen. Da die Frucht weder mit Äpfeln noch mit Rosen verwandt ist, ist der Name „Rosenapfel" leicht irreführend. Auch der Duft und der Geschmack haben nichts mit Rosen zu tun. Vielleicht hat ihm die leuchtend hellrote Farbe zu seinem Namen verholfen. Auf jeden Fall sind die glockenförmigen, ca. acht bis zwölf Zentimeter langen Früchte in Europa nur sehr selten erhältlich. Folglich sollte man ihren Genuss auf einer Südostasienreise auf keinen Fall verpassen.

Rosenäpfel sind, nachdem sie ausgereift sind, nur wenige Tage haltbar und müssen daher rasch gegessen werden. Im Kühlschrank gelagert, kann man die Haltbarkeit noch etwas hinauszögern. Rosenäpfel können komplett mit Schale gegessen werden, man sollte sie aber zuvor gut gewaschen haben. Da sich im Glockeninneren gerne Ameisen und andere Insekten aufhalten, schneidet man sie am besten mit dem Messer in Viertel. Das Fruchtfleisch ist süß bis süß-sauer und erinnert von der Konsistenz an europäische Apfelsorten. Für alle, die zum Frühstück in Asien auf ihr Müsli nicht verzichten wollen, ist der Rosenapfel eine willkommene Abwechslung. Und Kinder lieben Rosenäpfel!

Eine in Form und Farbe verwandte Art ist übrigens der Wasserapfel (siehe Seite 245), der aber meistens etwas kleiner ausfällt.

Roselle

Roselle / Gra Jeap / กระเจี๊ยบ

(bot. Hibiscus sabdariffa)

andere Namen: Afrikanische Malve, Sudan-Eibisch, Karkade, Sabdariff-Eibisch, Sorrel

Die Roselle ist eine einjährige, zwei bis drei Meter hohe Pflanze von krautigem Wuchs aus der Familie der Malvengewächse. Die Blüten haben einen Durchmesser von etwa sechs bis sieben Zentimetern; ihr frischer Blütenkelch ist essbar (ohne das Samenhaus) und weist dabei eine angenehme Säure auf. Aus diesem Grund werden die Blütenkelche in einigen Ländern auch zur Herstellung von Marmeladen, Likören und Süßspeisen verwendet. In

Thailand findet man Roselle auf den Märkten meistens zu einem Erfrischungsgetränk verarbeitet.

Da die Welle der bewussten Ernährung mittlerweile auch in Thailand angekommen ist, kann es in den Monaten April bis Oktober durchaus vorkommen, dass Roselleblüten (einschließlich der getrockneten Blütenkelche) auf den Märkten ausverkauft ist. Daher sollte man sofort zuschlagen, wenn man frische Blütenkelche auf einem Markt entdeckt.

Roselletee oder -eistee / Roselle tea or ice tea /

Nam Gra Jeap / น้ำกระเจี๊ยบ

Die traditionelle thailändische Medizin verwendet Roselle zur Behandlung einer Vielzahl von Krankheiten. Das Getränk soll unter anderem helfen bei zu hohem Blutdruck (es gibt Studien, die das belegen), urologischen Störungen, Husten und Erkältungen. Außerdem soll das Getränk krampflösende, entzündungshemmende und milde antibakterielle Eigenschaften haben, ferner beim Abnehmen helfen und das körpereigene Immunsystem stärken. Und nicht zu vergessen: Das Getränk ist ein hervorragender Durstlöscher.

Zutaten:

1 Liter Wasser

10 getrocknete Blüten

4 Esslöffel brauner Zucker aus Zuckerrohr

Zubereitung:

Das Wasser in einen Topf geben und aufkochen lassen, die getrockneten Blüten dazugeben und 15 bis 20 Minuten leicht köcheln lassen. Den Zucker einrühren, bis er sich aufgelöst hat. Durch ein feines Sieb oder Tuch abgießen. Nun kann das Getränk als heißer Tee oder kalt mit Eiswürfeln serviert werden. Zum Süßen kann anstelle von Zucker auch Honig verwendet werden.

Salak
Snake fruit / Sala / ระกำ

(bot. Salacca)

andere Namen: Rakam, Schlangen-hautfrucht, Schlangenfrucht

Die Früchte der Salakpalme gehören von der äußerlichen Erscheinung her mit Sicherheit zu den exotischsten Früchten überhaupt. Die Palme allein hat mit ihren zahlreichen spitzen Stacheln ein furchteinflößendes, bizarres Erscheinungsbild.

Die Palme kann bis zu sechs Meter hoch werden, mit ca. 60 Zentimeter langen, „fiederförmigen" Blättern. Die Früchte sind tropfenförmig und je nach Sorte braun bis rot. Die Schale glänzt und ist mit Schuppen überlappt wie bei einem Reptil. Die Frucht lässt sich wider Erwarten leicht mit den Fingern schälen. Das Fruchtfleisch besteht aus zwei bis vier Segmenten und ist hellgelb bis rosa. Die unge-nießbaren Kerne sind dunkelbraun bis schwarz.

In Thailand gibt es unterschiedliche Sorten, die geschmacklich etwas von-einander abweichen: Sala Sumari (süß – rötliche Schale) und Sala Nagamg (süßsauer – braune Schale). Je frischer die Frucht ist, am besten direkt vom Baum, desto besser schmeckt sie.

Sapotille
Sapodilla / La-mut / ละมุด

(bot. Manilkara zapota)

andere Namen: Breiapfel, Chiku, Lak-mut, Kaugummibaumfrucht, Manila-frucht, Sapote, Sawo

Thailändische Sapotille sind meistens oval und haben eine zimtbraune, matte und rauhe Schale, die etwas an Kartoffeln erinnert. Der immergrüne Baum, an dem sie wachsen, kann bis zu 20 Meter hoch werden. Von einem ausgewachsenen Baum können gut 1.000 bis 2.000 Früchte geerntet werden.

Reife Sapotillen sind in Europa nur sehr selten erhältlich, obwohl sich die gekühlten Früchte über eine Woche halten und gut im Kühlschrank gelagert werden können. Bereits vollreife Früchte haben meistens kleine Risse am Stielansatz. Das Fruchtfleisch ist glasig gelbbraun, weich bis breiig und etwas körnig, ähnlich wie wir es in Europa von Birnen kennen. Im vollreifen Zustand sind die Früchte nur noch sehr kurze Zeit haltbar. Generell sind die reifen Früchte sehr empfindlich gegen Druckstellen.

Sapotillen werden meistens geschält, obwohl die raue Schale gegessen werden kann. Die Frucht lässt sich aber auch ähnlich wie eine Kiwi aufschneiden und auslöffeln. Am besten halbiert oder viertelt man sie, entkernt sie und isst die Viertel oder Hälften. Die Kerne sollten allerdings nicht verzehrt werden. Der Geschmack des Fruchtfleisches ist süß und erinnert an Honig, Aprikosen, Bananen und Birnen sowie etwas Karamell. Sapotillen enthalten viel Zucker und das zu den B-Vitaminen gehörende Nicotinamid.

In den Grünteilen und der Rinde des Baumes befindet sich übrigens ein Milchsaft, der an der Luft zu einer Gummimasse aushärtet und als Roh-

stoff zur Herstellung von Kaugummi verwendet werden kann. Deshalb nennt man den Breiapfelbaum auch „Kaugummibaum". Von einem Baum kann man durch Einschneiden der Rinde bis zu sieben Liter Milchsaft ernten.

Heilkunde: Die Blätter finden zur Behandlung von Fieber, Hämorrhoiden und Wunden sowie Geschwüren Anwendung. Ein Sud aus der gekochten Schale soll Fieber senken.

Sauersack

Soursop / Turian Khaek / ทุเรียนเทศ

(bot. Annona muricata)

andere Namen: Stachelannone

Diese in Europa fast unbekannte Frucht wächst an einem bis zu zwölf Meter hohen Baum. Eine einzelne der meist nierenförmigen Früchte kann bis zu vier Kilogramm schwer und 40 Zentimeter lang werden. Im reifen Zustand sind sie sehr druckempfindlich und daher nur schwierig zu transportieren. Verzehren lassen sie sich, indem man sie mit den Händen in zwei Hälften drückt. Schale, Kerne (giftig) und das weiße Mark im Zentrum sind nicht essbar. Die Blüten der Frucht stinken unangenehm nach Verwesung, um Insekten zur Bestäubung anzulocken.

Wie der Name schon sagt, schmeckt das Fruchtfleisch erfrischend sauer und wird bevorzugt mit etwas Zucker gegessen. Meistens wird es jedoch weiterverarbeitet und dient als Grundstoff für die Herstellung von Süßigkeiten, Erfrischungsgetränken, Eiscreme oder Marmelade – in Asien findet man mittlerweile zahlreiche Rezepte, um aus dieser Frucht schmackhaften Speisen zu zaubern.

Vorsicht: Die Samen enthalten das Nervengift Annonacin, das beim Menschen eine dem Parkinson ähnliche Krankheit auslösen soll. Für die Frucht wiederum gilt eher das Gegenteil: Studien zufolge soll sie wachstumshemmende Wirkungen auf Bauchspeicheldrüsenkrebszellen und bestimmte Brustkrebszellen besitzen.

Süßorange
Sweet orange / Som Kheo Wan / ส้ม เขียว หวาน

(bot. Citrus reticulata)

Ein weiterer Vertreter aus dem großen Angebot der Zitrusfrüchte, der es wert ist, extra erwähnt zu werden, ist die Süßorange.

Der erste Eindruck dieser Orange hält viele Europäer von dem Versuch ab, die Frucht zu probieren. Die gelb-grüne Schale lässt fälschlicherweise vermuten, dass es sich um eine noch nicht ausgereifte Frucht handelt. Das Fruchtfleisch ist hellgelb und zart, die Schale gelb-grün. Die asiatischen Sorten sind etwas kleiner als ihre europäischen Mitbewerber, dafür zählen sie zu den süßesten, saftigsten und aromatischsten Orangen der ganzen Welt. Die im Vergleich zu anderen Orangen eher dünne Schale lässt sich meistens leicht schälen. Neben dem guten Geschmack zählen sie zu „den" Vitamin-C-Lieferanten. Man isst sie roh, aber am liebsten wird sie frisch gepresst als Saft genossen.

Hierzulande schwer zu bekommen – aber in Thailand unbedingt probieren!

Tamarinde
Tamarind / Ma-kham / มะขาม

(bot. *Tamarindus indica*)

andere Namen: Indische Dattel, Sauerdattel

In Thailand gibt es einen Spruch, wenn sich jemand durch Erhängen das Leben nehmen möchte: „Dann soll er sich einen Tamarindenbaum aussuchen." In der Tat wäre der majestätische Baum die erste Wahl für solch ein Vorhaben. Er kann bis zu 25 Meter hoch werden, und das äußerst harte Holz hält so einiges aus (aus ihm werden auch Schneidbretter für die Küche hergestellt).

Die Tamarinden selbst sind zwischen 5 und 20 Zentimeter lang, zimtfarben bis braun, im Querschnitt rund, leicht gekrümmt und brechbar und werden umgangssprachlich auch „Schoten" genannt. Im Inneren der Hülsen liegen die Samen, die von bräunlichem bis schwarz-rotem Fruchtmark eingehüllt sind. Tamarinde ist in Thailand sehr beliebt und auf so gut wie jedem Markt zu finden.

Ob frisch, eingelegt oder getrocknet, Tamarinde gibt es in zwei Geschmacksvariationen: süß und sauer. Die beiden Sorten kann man sehr gut auseinander halten, denn nur die süßen gibt es als komplette Früchte zum rohen Verzehr zu kaufen, während die sauren geschält und zu Blöcken gepresst zum Kochen angeboten werden. Deren reife Früchte enthalten nämlich Weinsäure, die für den säuerlichen Geschmack verantwortlich ist.

Saure Tamarinde wird in der thailändischen Küche seit langer Zeit verwendet und kommt unter anderem in der Pad-Thai-Sauce (Seite 120) zum Einsatz. Das Fruchtfleisch findet man aber auch in zahlreichen anderen Würzsaucen. Aus Tamarindenschoten werden außerdem Erfrischungsgetränke und Süßigkeiten hergestellt.

Tamarindensauce ist eine der Haupt-
zutaten, wenn beim Kochen eine gewisse Säure gewünscht wird. Tamarindensauce gibt es fertig zu kaufen, es
kann aber sehr leicht selbst hergestellt
werden. Hierbei kommen die erwähn-
ten Blöcke zum Einstatz: Man gibt
einfach eine gewisse Menge in eine
Schale, dann etwa die gleiche Menge
warmes Wasser hinzu und lässt alles
ein paar Minuten ziehen. Anschließend mit den Händen etwas zusam-
menpressen, damit sich das Fruchtfleisch auflöst. Zum Schluss durch ein
Sieb gießen, damit die Flüssigkeit von
Fasern und Kernen getrennt wird. Tamarindensauce kann ein paar Tage im
Kühlschrank aufbewahrt werden.

Thailändische Stachelbeere

Thai gooseberry / Ma Yom / มะยม

(bot. Phyllanthus acidus)

andere Namen: Baumstachelbeere, Otaheite-Stachelbeere, Grosella, Stachelbeerbaum

Die Thailändische Stachelbeere findet man fast in allen tropischen Regionen Asiens. Eines ihrer Mermale ist, dass sie in jedem Land den Namen des Landes hat, zum Beispiel „Malaiische Stachelbeere", „Kambodschanische Stachelbeere", „Sri-lankische Stachelbeere" usw.

Der Baum kann bis zu zehn Meter hoch werden und verliert in der Trockenzeit seine Blätter. Die 2 bis 2,5 Zentimeter großen Früchte werden bei Reife blassgelb durchscheinend und sind sehr sauer. In der Mitte befindet sich ein Kern, der fest mit dem Fruchtfleisch verwachsen ist und nicht mitgegessen werden sollte.

Thailändische Stachelbeeren werden selten roh verzehrt, und wenn, dann mit einem Gewürzdip aus Zucker, Salz und Chili. Die Früchte werden stattdessen meistens eingelegt, zu Chutneys, Marmeladen oder zu Gelees verarbeitet. Wenn die Frucht mit Wasser und Zucker eingekocht wird, wechselt die Farbe von gelbgrün zu rot. Zu Fruchtsaft gepresst, ergibt sie ein herrliches Erfrischungsgetränk. In manchen Ländern werden junge Blätter auch als Gemüse zubereitet.

Wasserapfel

Water apple / Chomphu Pa / มะ เหมียว

(bot. Syzygium malaccense)

andere Namen: Malaiischer Apfel, Malaiischer Rosenapfel, Otaheite-Apfel, Otaheite-Cashew (nicht verwandt mit dem Kaschuapfel)

Der Wasserapfel kann leicht mit dem Rosenapfel oder Javaapfel (siehe S. 235) verwechselt werden, ist aber kleiner und saftiger. Er kann mit Schale gegessen werden und hat einen leicht säuerlichen Geschmack. Jeder Apfel hat einen relativ großen Samen der durchaus 3 bis 4 Zentimeter im Durchmesser haben kann und als nicht essbar gilt.

Da der Wasserapfel wie seine Verwandten Rosenapfel / Javaapfel eine leichte Glockenform hat und sich im Inneren gerne Insekten verstecken, ist es am besten, den Apfel zu halbieren, den Kern herauszuschneiden und die Hälften zu vierteln. Wie jedes Obst sollte der Wasserapfel vor dem Verzehr gut gewaschen werden. Wasseräpfel passen auch gut in ein Frühstücksmüsli oder einen Obstsalat.

Der Baum des Apfels kann übrigens bis zu 18 Meter hoch werden.

Wassermelone

Watermelon / Taeng-mo / แตงโม

(bot. Citrullus lanatus)

Wassermelonen können 15 Kilogramm und mehr schwer werden und gehören zu der Familie der Kürbisgewächse. Importiert werden kleinere Sorten. Die Frucht kann rund, oval oder zylindrisch und bis zu 60 Zentimeter lang, die Schale, je nach Sorte 1 bis 4 Zentimeter dick sein. Das Farbspektrum der Schale reicht von hell bis dunkelgrün oder dunkelgrün marmoriert. Das Fruchtfleisch ist rosa bis rot oder (seltener anzutreffen), gelb oder weiß und durchsetzt mit schwarzen Kernen. Die Kerne können mitgegessen werden, der Magen und Darm scheidet die Kerne unverdaut wieder aus.

Bekannt sind Wassermelonen mindestens seit 3.000 Jahren. Sie zählen eigentlich nicht zum Obst, sondern zu den Gemüsesorten, da sie Früchte einer einjährigen Pflanze sind. Die Produktion weltweit beträgt mittlerweile deutlich über 100 Millionen Tonnen, und China ist der größte Produzent von Wassermelonen. Wassermelonen sind heute ganzjährig verfügbar, wobei die Sortenvielfalt nicht mehr überschaubar ist.

Die zum Verzehr am besten geeignete Reife ist nicht so leicht zu bestimmen. Beim Klopfen mit dem Fingerknöchel auf die Frucht sollte ein hohler, aber nicht dumpfer Klang entstehen. Da die Frucht recht groß ist, kann der Klopftest auch nach hinten losgehen, wenn die Frucht an einer anderen Stelle im Inneren schon verdorben ist.

Da die Frucht zu über 90 Prozent aus Wasser besteht und einen relativ geringen Zuckergehalt hat, zählt sie in den Tropen zu den besten Durstlöschern unter den Früchten.

Man isst Wassermelonen am besten roh oder in einem gut gekühltem Obstsalat, oder man genießt sie in Form von Saft, Sirup oder Sake. Aus Wassermelonen lassen sich auch her-

vorragende Sorbets herstellen, womit die an sich schon sehr erfrischenden Eigenschaften der Frucht noch gesteigert werden können.

Zuckermelone
Sugar melon / Thang-thai / แตง-ไทย

(bot. Cucumis melo var. *conomon)*

andere Namen: Galiamelone, Honig-melone, Cantaloupe-Melone

Obwohl Melonen (Wassermelonen) schon auf der gegenüberliegenden Seite beschrieben werden, muss der thailändischen Zuckermelone ein eigener Eintrag gewidmet werden.

Wenn sie reif ist, ist die Haut gold-braun mit hellen Streifen. Ideal ist ein Mix aus eiskaltem Kokoswasser und gekühlten Melonenstücken, ein ganz großartiger Durstlöscher. Diese Melo-nenart ist extrem saftig und besteht zu 87 % aus Flüssigkeit.

Wenn man die Thais nach dieser Frucht fragt, bekommt man meistens große Lobeshymnen über die guten, gesundheitsfördernden Eigenschaften zu hören.

So soll der reiche Kalium-Anteil den Blutdruck steuern, die Sehkraft stärken durch Vitamin A und Be-ta-Carotin, helfen beim Abnehmen, Diabetes kontrollieren, der hohe Vi-tamin-C-Gehalt stärkt das Immun-system, unterstützt die Behandlung bei Geschwüren, lindert Verstopfung, hilft Nierenerkrankungen zu heilen und Nierensteine zu verhindern, hilft während der Schwangerschaft, ent-spannt die Nerven und die Muskeln, macht es so Menschen mit Schlafstö-rungen leichter zu schlafen, soll bei Menstruationsbeschwerden helfen, das Risiko, an Krebs zu erkranken, soll verringert werden, sie soll helfen, mit dem Rauchen aufzuhören, da die Lun-gen verjüngt werden und somit der Nikotin-Entzug schneller verdrängt werden kann und dann soll sie noch bei allen möglichen Herzkrankheiten eine vorbeugende Wirkung haben. Wenn dies alles so zutrifft, müsste diese Frucht in jeder Apotheke ange-boten werden.

Zibetfrucht (Durian)
Durian / Tu Rean / ทุเรียน

(bot. Durio zibethinus)

andere Namen: Stinkfrucht, Käsefrucht

Durian ist wahrscheinlich die einzige Frucht weltweit, die es auf ein Verbotsschild geschafft hat. Ist eine Frucht einmal geöffnet, sollte sie möglichst zeitnah gegessen werden, da sie schon nach einem Tag nicht mehr genießbar ist und einen extrem faulen Geruch verbreitet. Das ist auch der Hauptgrund dafür, dass Durian in vielen Hotels und Airlines verboten ist, da sich der Geruch sehr hartnäckig hält. Beim Geschmack der Durian scheiden sich die Geister, und man kann sagen, dass man sie entweder liebt oder hasst. Das Fruchfleisch schmeckt nämlich ein wenig wie süßlicher französischer Weichkäse.

Der immergrüne Durianbaum kann 40 bis 50 Meter hoch werden. Unter Durianbäumen stehen dann nicht selten Schilder, die vor herunterfallenden Früchten warnen. Der Name „Durian" wurde vom malaiischen Wort „Duri", das „Stachel" bedeutet, abgeleitet.

Reife Durian erkennt man an ihrer grün bis gelbgrünen Färbung. Die reifen Früchte sind nur wenige Tage haltbar. Eine Durian schneidet man längs auf und klappt die Schale auseinander. Beim Aufschneiden sind wegen der Stacheln Handschuhe sehr hilfreich. Im Inneren der Frucht findet man mehrere Segmente mit golfballgroßen Samen, die von Fruchtfleisch umgeben sind. Auch die Samenkerne können in Öl angeröstet gegessen werden und erinnern etwas an heiße Maroni.

Durian sagt man allgemein eine potenzsteigernde Wirkung nach, was speziell in Asien einen sehr hohen Stellenwert hat und der Frucht auch deshalb besondere Beliebtheit verschafft. Interessant ist außerdem, dass sich die Blüten des Baumes nur nachts öffnen, da sie von Fledermäusen bestäubt werden.

Aus Durian werden auch verschiedene Pasten hergestellt, die als Art Brotaufstrich gegessen werden können oder zum Kochen Verwendung finden. Es gibt sie in verschiedenen Geschmacksrichtungen von süß bis salzig. Auch getrocknet und in Dosen konserviert werden Durian angeboten.

Zimtapfel
Sugar apple / Noi-na / น้อยหน่า

(bot. Annona squamosa)

andere Namen: Rahmapfel, Schuppenannone, Zuckerapfel, Süßsack

Beim Zimtapfel handelt es sich eigentlich gar nicht um eine einzige Frucht, sondern um eine fünf bis zehn Zentimeter messende, sogenannte Sammelbeere aus mehreren, miteinander verwachsenen Früchten. Der bis zu sechs Meter hohe Baum trägt im Jahr 20 bis 50 der grünen, grüngelben oder auch violetten Früchte.

Beim Zimtapfel ist es wichtig dass er beim Verzehr die richtige Reife hat. Reife Früchte erkennt man an schwarzen Flecken auf der Schale und daran, dass sie auf Druck leicht nachgeben und sich mühelos aufbrechen lassen.

Die frische, reife Frucht am besten in zwei Hälften brechen oder schneiden und das weiche Fruchtfleisch mit einem Teelöffel essen. Die einzelnen Kerne einfach ausspucken. Die Schale und die Kerne sollten nicht mitgegessen werden.

Das große Bild zeigt übrigens einen Baby-Zimtapfel, der noch einmal kleiner als die „normalen" Früchte ist.

Zwillingspflaume
Rambutan / Ngoh / เงาะ

(bot. Nephelium lappaceum)

andere Namen: falsche Litschi, haarige Litschi

Von vielen auch „haarige Litschi" genannt, gehört die Zwillingspflaume zu den exotischsten Früchten überhaupt. „Rambut" in der indonesischen und malaysischen Sprache bedeutet „Haar", und diese haarigen Früchtchen sind auf jedem asiatischen Markt ein Blickfang für Touristen.

Der Baum kann bis zu 20 Meter hoch werden und ist mittlerweile fast überall in den Tropen zu finden. Die Früchte sind ganzjährig verfügbar.

Man erkennt die richtige Reife an der roten Farbe der Schale. Zwillings-pflaumen sind nicht lange haltbar und sollten schnell verbraucht werden. Sie reifen auch nicht nach. Früchte mit einer dunklen Schale sollten daher nicht mehr gekauft werden. Zwillingspflaumen können leicht mit dem Fingernagel geöffnet oder mit einem scharfen Messer rundherum eingeritzt und aufgeklappt werden.

Das Fruchtfleisch schmeckt erfrischend süß-sauer und ähnelt vom Aussehen etwas der Litschi. Der Kern ist mit dem Fruchtfleisch zusammengewachsen und nicht essbar.

Nachwort

Liebe Leserinnen und Leser,

es hat mir großen Spaß gemacht, Ihnen diese Rezepte und viele Hintergrundinformationen zusammenzustellen.

Ich würde mich freuen, wenn Sie mit Ihrer Familie ein ebenso schönes Zusammensein beim thailändischen Essen haben, wie ich das schon sehr oft erleben durfte.

Schreiben Sie mir gerne Ihre Erfahrungen.

Falls Sie Fragen haben, finden Sie auf meiner Webseite ein Kontaktformular. Ein regelmäßiger Besuch meiner Seite lohnt sich, wenn Sie Interesse an spannenden Infos rund um die thailändische Gourmetküche oder über Land und Leute haben.

Herzlichst, Ihr
Bernhard Rosa

www.bernhardrosa.com

Danksagung

Die Entstehung dieses Buches war nur durch die Hinweise und Hilfe vieler mitdenkender und mitfühlender Menschen möglich. Als Erstes möchte ich mich bei „meiner" thailändischen Familie, ประไพศรี ธนะประสพ, วีระ อินเจือจันทร์, ปริญญา อินเจือจันทร์ und อธิศ เสนะกูล bedanken, die mir seit vielen Jahren Einblicke in ihre Kochkunst gewähren, Lan und John Elephant & Castle, ชมพูนิกฐ์ ไมย์โพธิ, Kun Restaurant Koh Chang, Ningrut Noppawan ณรัตน์ นพวรรณ, Blue Lagoon Cooking School, Nung Bua Restaurant Hat Sai Kao und MSC Thai Culinary School / Bangkok. Danken möchte ich auch den Wegbereitern in Deutschland, Claudia Reisert, Karin Schwind, Thomas Niehörster, Peter Reifenberger, Daniel Brecht, Hans-Peter Leuze, Holiday Land Reisebüro Barbara Lindenberg, Marianne Weber und Birgit Ernst.

Impressum

Alle Bilder © Copyright 2017 Bernhard Rosa

Der Inhalt dieses Buches wurde von Autor und Verlag nach bestem Gewissen geprüft,
eine Garantie kann jedoch nicht übernommen werden. Die juristische Haftung ist ausgeschlossen.

Bibliografische Information der Deutschen Bibliothek:
Die Deutsche Bibliothek verzeichnet diese Publikation in der Deutschen Nationalbibliografie;
detaillierte bibliografische Daten sind im Internet unter http://dnb.ddb.de abrufbar.

Alle Rechte der Verbreitung, auch durch Film, Funk und Fernsehen, fotomechanische Wiedergabe,
Tonträger jeder Art, auszugsweisen Nachdruck oder Einspeicherung und Rückgewinnung in
Datenverarbeitungsanlagen aller Art, sind vorbehalten.
Copyright © 2017 Bernhard Rosa und Die Werkstatt-Verlagsauslieferung GmbH
Layout: Designwerkstatt Reisert / Kirchheim unter Teck
Druck und Bindung: Westermann Druck Zwickau

ISBN 978-3-7303-0338-0